Innere Kraft durch Meditation

Innere Kraft durch Meditation

Neue Energien für Körper, Seele und Geist

Von ***Christopher Titmuss***
Fotos von ***Bob Mitchell***

Beiliegend: Musik-CD
mit über 60 Minuten Spieldauer

Der Text dieses Buches entspricht den Regeln der neuen deutschen Rechtschreibung.

Originaltitel: The Power of Meditation

Fotos: Rob Mitchell
Fotoassistenz: Gareth Sambidge
Fotobearbeitung Seite 54-55: Mark Hitchens
Illustrationen: Chen L'ing
Grafische Gestaltung: James Hitchens
Übersetzung: Berliner Buchwerkstatt,
Michael Fröhling und Ingo Kolf
Redaktion: Berliner Buchwerkstatt, Vera Olbricht
Herstellung/Satz: Berliner Buchwerkstatt,
Britta Dieterle und Ralph Schledermann

Die Ratschläge in diesem Buch sind von Autor und Verlag sorgfältig erwogen und geprüft, dennoch kann eine Garantie nicht übernommen werden. Eine Haftung des Autors bzw. des Verlags und seiner Beauftragten für Personen-, Sach- und Vermögensschäden ist ausgeschlossen.

817 2635 4453 6271

10922X03 02 01 00

Inhalt

Warum meditieren?

Meditieren heißt achtsam sein
Jeder Moment der Achtsamkeit ist ein Moment der Meditation.

Die Meditation ist eine außerordentliche Kraft: Die Kraft unser Leben zu verändern. Sie ist ein Weg ins Zentrum unseres Seins und zum Verständnis des wahren Lebens. Meditation lässt uns Unglück, Konflikte und Neurosen überwinden. Sie führt uns zu einer bewussteren Wahrnehmung von Gefühlen, Gedanken, Empfindungen, des Körpers, der Gesundheit, der Energie, der Achtsamkeit und der Tiefe unserer Erfahrungen. Meditieren kann man jederzeit. Die Meditation ist Teil unseres täglichen Lebens wie das Essen oder der Gang zur Toilette. Sie ist nicht auf bestimmte Körperhaltungen beschränkt.

Meine Absicht ist es, eine Fülle von wohltuenden Meditationsübungen und Praktiken anzubieten, die Ihren täglichen Bedürfnissen entspricht. In der Praxis leisten diese Übungen einen Beitrag zur körperlichen Gesundung und Gesundheit sowie zum individuellen Glück und zur Zufriedenheit des Geistes und darüber hinaus zu außerordentlicher Freude und zum Erkennen des wahren Lebens. Wir können einige tief in uns sitzende Probleme aufdecken. Wir vermögen die schwierigen Aspekte unserer Persönlichkeit zu erkunden und zu tiefem und befreiendem Wissen über das Leben zu gelangen.

Für den Anfänger ist es nicht ungewöhnlich zu denken, dass alle Formen der Meditation mehr oder weniger gleich sind und zu den gleichen Zielen führen. Dies ist jedoch ein schweres Missverständnis. So wie die Ärzte die verschiedensten Medikamente anwenden, um Krankheiten zu heilen, gilt es auch in der Meditation, unterschiedliche Methoden zu praktizieren, um entsprechende Probleme und Schwierigkeiten zu überwinden. Es gibt Meditationen für die Achtsamkeit, zur Beruhigung, für das Verständnis und die Erkenntnis. Es gibt Meditationen um Leiden zu mildern, Missbrauch zu überwinden und Belastungen standzuhalten. Es gibt Meditationen für den Energiekreislauf, die Heilung und das Glücklichsein. Es gibt Meditationen für das Herz, die uns befähigen,

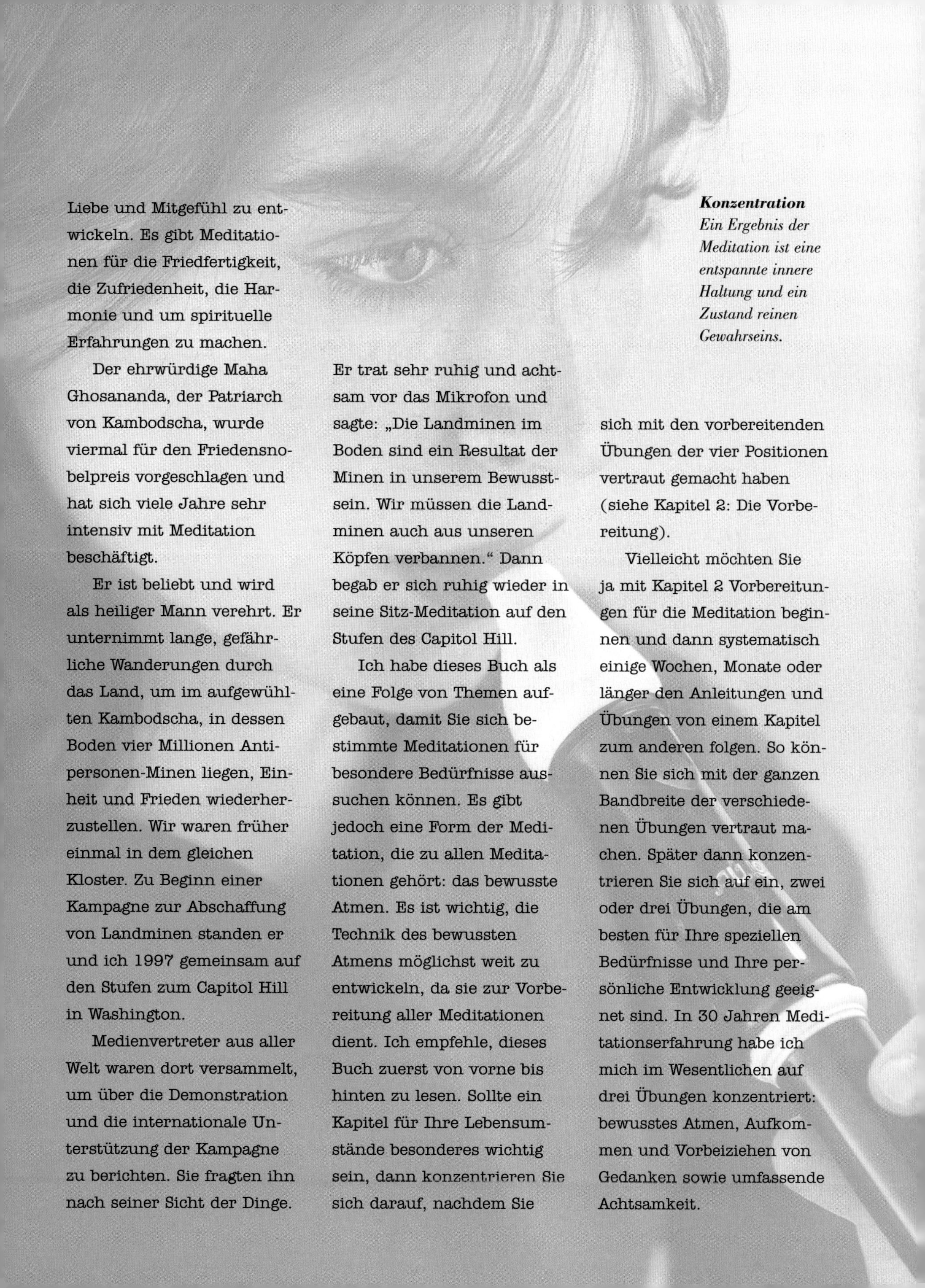

Konzentration
Ein Ergebnis der Meditation ist eine entspannte innere Haltung und ein Zustand reinen Gewahrseins.

Liebe und Mitgefühl zu entwickeln. Es gibt Meditationen für die Friedfertigkeit, die Zufriedenheit, die Harmonie und um spirituelle Erfahrungen zu machen.

Der ehrwürdige Maha Ghosananda, der Patriarch von Kambodscha, wurde viermal für den Friedensnobelpreis vorgeschlagen und hat sich viele Jahre sehr intensiv mit Meditation beschäftigt.

Er ist beliebt und wird als heiliger Mann verehrt. Er unternimmt lange, gefährliche Wanderungen durch das Land, um im aufgewühlten Kambodscha, in dessen Boden vier Millionen Antipersonen-Minen liegen, Einheit und Frieden wiederherzustellen. Wir waren früher einmal in dem gleichen Kloster. Zu Beginn einer Kampagne zur Abschaffung von Landminen standen er und ich 1997 gemeinsam auf den Stufen zum Capitol Hill in Washington.

Medienvertreter aus aller Welt waren dort versammelt, um über die Demonstration und die internationale Unterstützung der Kampagne zu berichten. Sie fragten ihn nach seiner Sicht der Dinge. Er trat sehr ruhig und achtsam vor das Mikrofon und sagte: „Die Landminen im Boden sind ein Resultat der Minen in unserem Bewusstsein. Wir müssen die Landminen auch aus unseren Köpfen verbannen." Dann begab er sich ruhig wieder in seine Sitz-Meditation auf den Stufen des Capitol Hill.

Ich habe dieses Buch als eine Folge von Themen aufgebaut, damit Sie sich bestimmte Meditationen für besondere Bedürfnisse aussuchen können. Es gibt jedoch eine Form der Meditation, die zu allen Meditationen gehört: das bewusste Atmen. Es ist wichtig, die Technik des bewussten Atmens möglichst weit zu entwickeln, da sie zur Vorbereitung aller Meditationen dient. Ich empfehle, dieses Buch zuerst von vorne bis hinten zu lesen. Sollte ein Kapitel für Ihre Lebensumstände besonderes wichtig sein, dann konzentrieren Sie sich darauf, nachdem Sie sich mit den vorbereitenden Übungen der vier Positionen vertraut gemacht haben (siehe Kapitel 2: Die Vorbereitung).

Vielleicht möchten Sie ja mit Kapitel 2 Vorbereitungen für die Meditation beginnen und dann systematisch einige Wochen, Monate oder länger den Anleitungen und Übungen von einem Kapitel zum anderen folgen. So können Sie sich mit der ganzen Bandbreite der verschiedenen Übungen vertraut machen. Später dann konzentrieren Sie sich auf ein, zwei oder drei Übungen, die am besten für Ihre speziellen Bedürfnisse und Ihre persönliche Entwicklung geeignet sind. In 30 Jahren Meditationserfahrung habe ich mich im Wesentlichen auf drei Übungen konzentriert: bewusstes Atmen, Aufkommen und Vorbeiziehen von Gedanken sowie umfassende Achtsamkeit.

Die wichtigste vorbereitende Meditationsübung in diesem Buch ist das bewusste Atmen, die wohl am häufigsten praktizierte Meditation.

Meditation: Bewusstes Atmen

Bewusstes Atmen bedingt viele Wohltaten vom Abbau von Stress bis zur Vitalisierung des Geistes, der bewussten Ausrichtung der Aufmerksamkeit und der Vertiefung der Achtsamkeit. Obgleich in diesem Buch unterschiedliche Formen der Meditation beschrieben werden, schlage ich vor, diese Übung zu nutzen, um mit sich eins zu werden, bevor man sich einer anderen Form der Meditation zuwendet. Buddha lehrte die Meditation als den direkten Weg zur Erleuchtung. Er sagte auch, bewusstes Atmen sei die beste aller Meditationen, weil sie für den Meditierenden viele verschiedene Wohltaten bereithält.

Wie wird der Begriff Meditation in diesem Buch verwendet?

Für mich besitzt dieses Wort eine Vielzahl an Bedeutungen. Es gibt in der deutschen Sprache viele Begriffe, die den Inhalt und den Geist der Meditation vermitteln.

Dazu gehören:

- *Bewusst sein*
- *Empfänglich sein*
- *Hier und Jetzt sein*
- *Erdverbunden sein*
- *Achtsam sein*
- *Kontaktfähig sein*
- *Zentriert sein*
- *Zielgerichtet sein*
- *Richtig konzentriert sein*
- *Umfassend bewusst sein*
- *Richtig gewahr sein*
- *Richtig aufmerksam sein*

Wie viel Zeit sollten Sie sich für die eigentliche Meditation nehmen?

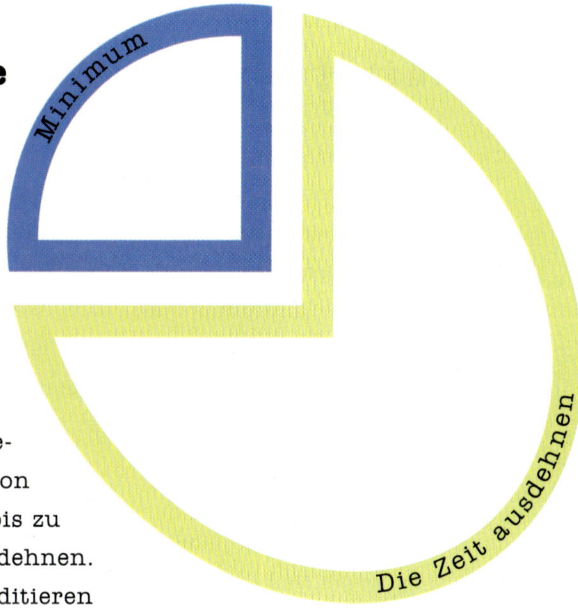

Das ist von Mensch zu Mensch verschieden. Entscheidend ist, dass die Übungen regelmäßig gemacht werden, einmal am Tag, zweimal am Tag, jeden zweiten Tag oder zwei- bis dreimal die Woche. Beginnen Sie mit der sitzenden Haltung und nehmen Sie diese für mindestens 15 Minuten ein. Die Entspannung des Körpers führt zu einer Entspanntheit des Geistes. Wenn Sie Ihre Übungen erweitern, können Sie die Übungszeit der jeweiligen Meditation auf 45 Minuten bis zu einer Stunde ausdehnen. Regelmäßiges Meditieren ist der Schlüssel für umfassendes Wohlbefinden.

Kann man zu viel meditieren?

Meditation trägt massgeblich zu einem tiefen Wohlgefühl bei. Meditieren an sich ist unproblematisch und führt auch nicht zu Problemen. Es ist eine wunderbare Hilfe bei der Bewältigung alltäglicher Sorgen.

Trotzdem gibt es Bereiche, in denen man darauf achten muss, sich durch Meditation nicht zu sehr unter Druck zu setzen. Wenn ihr Körper mehr oder weniger heftig zittert, dann sollten sie sich bewegen oder tanzen. Bewegen Sie Zweifel und Fragen, sollten Sie nach einem erfahrenen Meditationslehrer suchen.

Ich habe viele Formen der Meditation im täglichen Leben erkundet. Auch mein Tag ist, wie der vieler Menschen mit unterschiedlichen anspruchsvollen Arbeiten ausgefüllt, die mich immer wieder vor neue Herausforderungen stellen. Ich verdanke es meinen vielfältigen meditativen Erfahrungen, dass ich meine Aufgaben bewältige.

Das ist auch der Grund, warum dieses Buch ein durch und durch praktischer Ratgeber für den Kampf gegen den tagtäglichen Stress ist.

Tipps

- *Nehmen Sie nicht immer dieselbe Körperhaltung ein.*
- *Verlassen Sie sich nicht nur auf eine Technik.*
- *Setzen Sie sich nicht unter Druck, um bestimmte Ergebnisse zu erzielen.*
- *Versuchen Sie nicht zwanghaft, Ihre Konzentration auf eine Sache zu richten.*
- *Achten Sie immer darauf, dass Sie sich beim Meditieren nicht anspannen.*

Meditation ist eine Alternative

Manchmal fragen wir uns, was mit unserem Leben geschieht. Wir haben das Gefühl, dass die Tage, Wochen, Monate und Jahre alarmierend schnell vorüberziehen – und mit jedem Jahr vergehen sie noch schneller. Dieses Gefühl ist sicherlich auch darin begründet, dass wir nicht genügend Zeit haben, das zu tun, was wir tun wollen. Wir sind besessen von der Zeit und davon, die Dinge zu Ende zu bringen. Wir wachen schon morgens mit einer langen Liste von Dingen auf, die wir zu erledigen haben. Wir denken stets darüber nach, was wir noch nicht gemacht haben, was wir noch alles zu tun haben und wie viel Zeit wir dazu benötigen.

Es scheint in unserem Leben kein Platz für eine wahrhafte Erholung von Körper und Geist zu sein. Es überrascht daher nicht, dass wir uns abends nach der Arbeit oder dem Studium nur noch vor den Fernseher setzen. Wir schauen durchschnittlich 20 Stunden in der Woche fern, das ergibt nahezu einen Tag in der Woche. Es scheint, dass unser gesamtes Leben zwischen Arbeit, Studium, Einkaufen, geselligem Leben, Fernsehen und Schlafen abläuft. Nur sehr selten sprechen wir noch von höheren Werten oder tiefer greifenden Dingen. Nur noch wenig Menschen scheinen wahrlich daran interessiert zu sein, den Dingen des Lebens auf den Grund zu gehen. Möglicherweise fühlen wir uns von dem Tun anderer inspiriert, doch wirklich bewegen kann uns das nicht.

Zeit
Lassen Sie uns im Alltag Zeit für die eigentliche Meditation finden.

Traditionell bieten die Religionen eine wichtige Zuflucht. Sie geben Menschen Gelegenheit zum Gebet und zur Reflexion. Viele Menschen wenden sich dennoch von den Religionen ab, da deren geistige Inhalte mit der weltlichen Kultur unvereinbar scheinen. Mehr und mehr Menschen sind jedoch auf der Suche nach inneren Werten, die für den Alltag von Bedeutung und praktisch umsetzbar sind. In diesem Zusammenhang ist die Meditation zu sehen. Meditieren ist eine Alternative. Sie ist nicht durch religiösen Glauben begrenzt oder bestimmt, sie kostet auch nichts und bedarf nicht der Aufwendungen, die eine professionelle Beratung mit sich bringt. Ja, sie ist mit Sicherheit eine unschätzbare Quelle, um zu völliger Ausgeglichenheit und zu innerem Frieden zu gelangen.

Wir sollten darüber nachdenken, welche Bereiche unseres Lebens wir pflegen und entwickeln wollen, damit wir einige der Wohltaten entdecken können, die das Meditieren für uns bereithält.

Warum meditieren?

Zehn Gründe

1 *Den Stress bewältigen*

2 *Den Geist kräftigen*

3 *Das Herz öffnen*

4 *Reine Konzentration finden*

5 *Inneren Frieden und Ausgeglichenheit finden*

6 *Ungesunde Gewohnheiten, Abhängigkeiten und Vorurteile überwinden*

7 *Alte Wunden und Verletzungen heilen*

8 *Krankheiten und Leiden überstehen*

9 *Tiefe Einsicht in das eigene Ich und in die Natur allen Seins gewinnen*

10 *Den eigenen Lebensweg suchen und finden.*

Zehn Wohltaten

1 *Innere Freude finden*

2 *Zu Selbsterkenntnis gelangen*

3 *Aufmerksamkeit auf wesentliche Dinge richten*

4 *Liebe und Mitgefühl entwickeln*

5 *Einsicht und Weisheit finden*

6 *Schwierige Situationen klar und ausgeglichen meistern*

7 *Den Lebenszyklus von der Geburt bis zum Tod annehmen*

8 *Gier, Selbstsucht, negative Gedanken und Kummer überwinden*

9 *Vertrautheit und Nähe zu sich selbst und dem Leben an sich empfinden*

10 *Spirituelle Erfahrungen machen sowie die Freuden eines freien und achtsamen Lebens erfahren.*

Natur
Kontakt zur Natur trägt zu einem tiefen Verständnis alles Seienden bei.

Wird Meditation mich entspannen?

MIT ENTSPANNUNG wird im Allgemeinen verbunden, dass man sich um nichts mehr Gedanken machen muss. Wir sagen, wir entspannen vor dem Fernseher, im Garten oder in unserem Lieblings-Café. Diese Formen der Entspannung sind sicherlich eine willkommene Unterbrechung der täglichen Plackerei. Nehmen wir jedoch einmal an, wir hätten Röntgenaugen und könnten unser Skelett sehen. Dann würden wir feststellen, dass unser Rückgrat verdreht ist, unsere Hüften nach vorne geschoben sind und unsere Arme und Beine sich gegenseitig belasten. Unser Geist fantasiert womöglich, träumt in den Tag hinein oder ist mit seinen Gedanken weit weg. Möglicherweise trinken wir Alkohol, nehmen stimulierende Mittel oder essen Fast Food.

Entspannung durch Meditation ist etwas anderes. Beim Meditieren wenden wir unsere Aufmerksamkeit auf unser Sein als Ganzes und nutzen unsere inneren Kräfte, um uns völlig zu entspannen. Das können wir an fast an allen Orten und zu jeder Zeit machen.

Kaffeepause
Die wohltuende Wirkung einer Tasse Tee oder Kaffee ist oft nur von kurzer Dauer.

EINFACHE ÜBUNGEN

1. *Legen Sie ein Buch auf Ihre Oberschenkel.*
2. *Halten Sie Ihren Rücken gerade.*
3. *Verharren Sie drei Minuten still.*
4. *Atmen Sie langsam ein und aus und spüren Sie dabei Ihren Körper.*
5. *Bleiben Sie aufrecht und entspannen Sie den Körper.*

Sitzen
In all den Stunden, die wir täglich sitzen, können wir Ruhe und inneren Frieden entwickeln, indem wir auf unsere Haltung und Atmung achten.

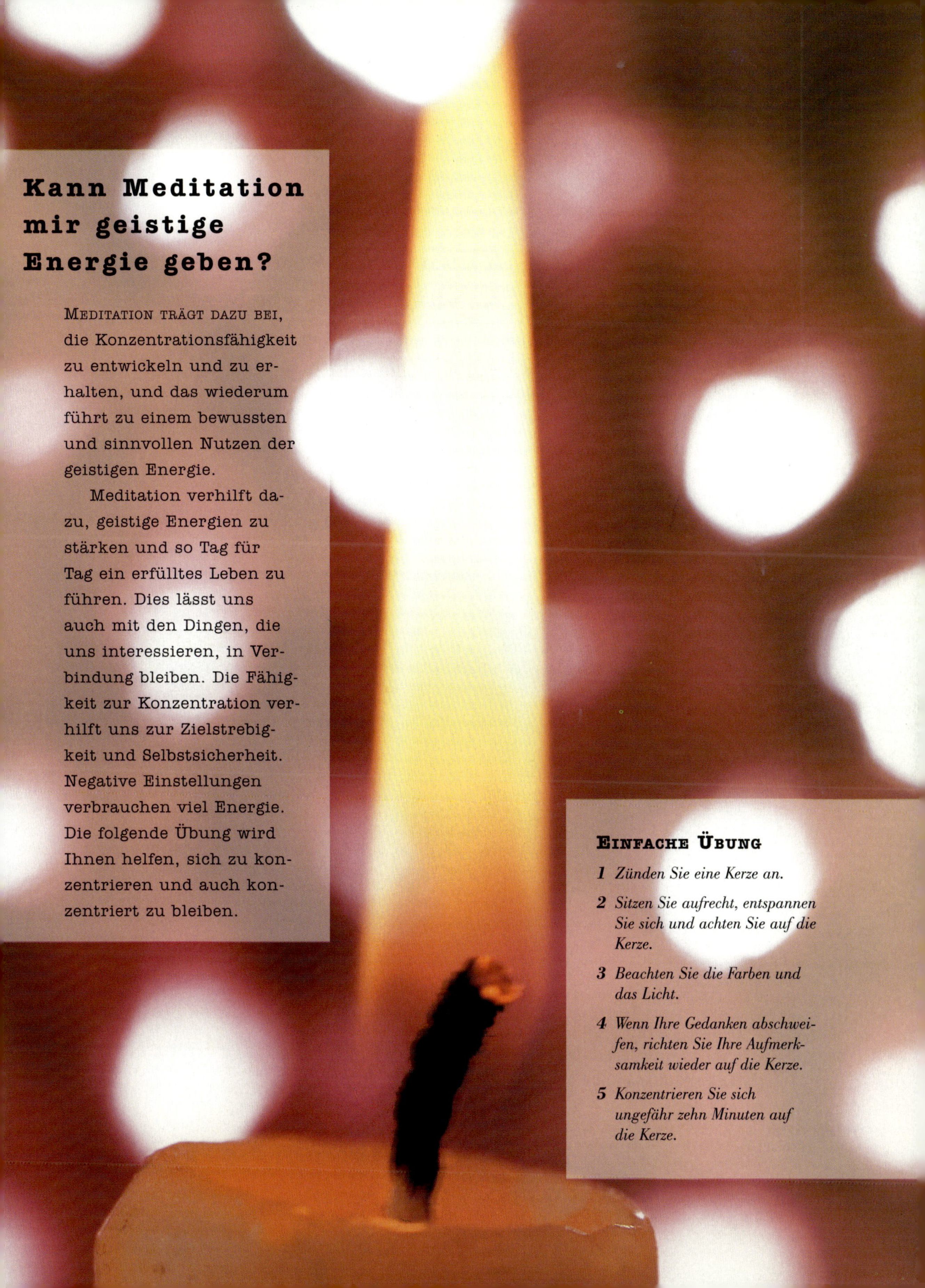

Kann Meditation mir geistige Energie geben?

Meditation trägt dazu bei, die Konzentrationsfähigkeit zu entwickeln und zu erhalten, und das wiederum führt zu einem bewussten und sinnvollen Nutzen der geistigen Energie.

Meditation verhilft dazu, geistige Energien zu stärken und so Tag für Tag ein erfülltes Leben zu führen. Dies lässt uns auch mit den Dingen, die uns interessieren, in Verbindung bleiben. Die Fähigkeit zur Konzentration verhilft uns zur Zielstrebigkeit und Selbstsicherheit. Negative Einstellungen verbrauchen viel Energie. Die folgende Übung wird Ihnen helfen, sich zu konzentrieren und auch konzentriert zu bleiben.

Einfache Übung

1. *Zünden Sie eine Kerze an.*
2. *Sitzen Sie aufrecht, entspannen Sie sich und achten Sie auf die Kerze.*
3. *Beachten Sie die Farben und das Licht.*
4. *Wenn Ihre Gedanken abschweifen, richten Sie Ihre Aufmerksamkeit wieder auf die Kerze.*
5. *Konzentrieren Sie sich ungefähr zehn Minuten auf die Kerze.*

Kreative Augenblicke sind erfüllt vom Strömen der Energie, von geistigen Bildern und Visionen und von reinem Gewahrsein. Kreativität ist dann der Ausdruck einer gesunden Psyche.

Kann Meditation meine Kreativität steigern?

Es ist bekannt, dass einige Künstler ein qualvolles Leben hatten und ihre Kunst auch aus diesen Erfahrungen schöpften. Große Kunst entspringt auch aus innerem Frieden. In fernöstlichen Traditionen ist man gewahr, dass sich in den Tiefen der Meditation ein ungeheures Reservoir ungenutzter Kreativität befindet, das freigesetzt werden kann. Die folgende Übung hilft Ihnen, Ihre Unruhe zu überwinden und Ihre Energie in einen kontinuierlichen Fluss zu kanalisieren.

Freudige Gefühle wecken
Sich bewegen, springen und tanzen kann Ihre Kraft in einen harmonischen Energiestrom zusammenführen.

Einfache Übung

1. *Wenn Sie zerstreut sind, tanzen Sie ungefähr zehn Minuten mit ausgestreckten Armen.*
2. *Bewegen Sie den Körper langsam in verschiedene Richtungen.*
3. *Spüren Sie, wie die Energie strömt, wenn Sie den Körper bewegen.*
4. *Lassen Sie die Energie die ganze Zeit fließen.*

Kann Meditation in Beziehungen helfen?

Beziehungen bringen oft Schmerz, Enttäuschung und Wut mit sich. Wir erwarten, dass unsere Fehler vergeben und vergessen werden, während wir selber dazu nicht in der Lage sind.

Russische Eheringe
Das Leben besteht aus miteinander verbundenen Erfahrungen. Versuchen Sie standhaft zu bleiben, statt sich ineinander zu verstricken.

MEDITATION IST NICHT etwa Flucht vor der Auseinandersetzung mit unangenehmen Situationen, sondern ein Weg, damit effektiver umzugehen. Solange wir aufgebracht oder innerlich verletzt sind, haben wir ein Problem noch nicht überwunden. So gesehen ist es nicht ungewöhnlich, dass es unserem Gegenüber gelingt, uns weiter auf die Palme zu bringen. Es ist ganz sicher nicht leicht, aus dieser Situation herauszukommen. Manchmal sollten wir statt Verzeihen und Nachgiebigkeit eher Gleichmut, also die Fähigkeit standhaft zu sein, entwickeln. Wir müssen uns zunächst klar darüber werden, ob die Situation sich noch ändern kann. Hat zum Beispiel einer der beiden Partner die Beziehung endgültig abgebrochen, dann ist die naheliegende Meditation die der Hinnahme. All unsere Willenskraft, all unser Wünschen und Verlangen wird nichts an der Situation ändern. Die Meditation des Gleichmuts und der Akzeptanz vermag den langen Weg zum inneren Frieden aufzuzeigen. Wir können uns drei Minuten still und ruhig hinsetzen und bewusst atmen. Dann wiederholen wir in Gedanken langsam und achtsam die nachstehenden oder ähnliche Worte, sodass die Sätze tief in unser Unterbewusstsein vordringen.

FÜR GLEICHMUT

Möge ich in dieser Zeit des Wandels beständig sein.

Möge ich in dieser Zeit der Schwierigkeiten gegenwärtig sein.

Möge ich in diesen hitzigen Momenten ich selber bleiben.

Möge ich nicht in der Vergangenheit verharren.

Möge ich mich nicht nur auf die Zukunft versteifen.

FÜR AKZEPTANZ

Möge ich die Tatsachen akzeptieren.

Möge ich nicht gegen die Realität ankämpfen.

Möge ich erkennen, dass sich immer auch eine Tür öffnet, wenn eine geschlossen wird.

Möge ich nicht in Vorwürfen, Groll und Schmerz schwelgen.

Möge ich meinen Frieden mit der Situation schließen.

ES IST SEHR WICHTIG, dass wir das Wesen der Energie verstehen. Wir kennen womöglich die wissenschaftliche Definition $E = mc^2$, die jedoch nur wenig bzw. kaum eine Bedeutung für unser tägliches Leben hat. Was uns beschäftigt, ist sowohl die Qualität der Energie als auch ihre Quantität. Die Meditation vermag unsere geistigen Batterien wieder aufzuladen und uns mehr Gegenwärtigkeit sowie gelassene Entschiedenheit zu geben. Das verleiht uns die Fähigkeit, in unterschiedlichen Situationen zu agieren, anstatt nur zu reagieren.

Die Energie, die wir durch die Meditation gewinnen, können wir für selbstsüchtige Ziele verwenden: höheren sozialen Status, größeres Einkommen oder um noch mehr aus unserem Tag herauszuholen. Das mag unsere Umgebung vielleicht beeindrucken, hat aber auch seinen Preis. Wir werden blind für die Bedürfnisse unserer Lieben, die Wunder des Lebens und die wirkliche Selbsterfahrung.

Was bedeutet es, den Geist zu stärken und den Körper zu harmonisieren? Üblicherweise geht man davon aus, dass wir unsere Energie aus äußeren Einwirkungen auf unsere Sinne schöpfen: Sehen, Hören, Riechen, Fühlen, Schmecken und Tasten. Das beinhaltet alles, von der Freude, die wir verspüren, wenn unsere Lieblingsmannschaft ein Tor geschossen hat, bis zu dem spontanen Aufblitzen einer kreativen Idee oder auch eines negativen Gedankens. Wie auch immer, in jedem Fall gibt es einen plötzlichen Wechsel von schwacher zu starker Energie.

Meditation funktioniert anders als herkömmliches Denken – sie speichert Energie, die in unzähligen Gedanken, Stress und Widerstand verschwendet wird. Wir verbrauchen Energie, wenn wir uns nur an vergangene Ereignisse oder Hoffnungen auf die Zukunft halten und unser körperliches und emotionales Sein vernachlässigen. Durch Achtsamkeit, Meditation und Sinn für das Spirituelle wird eine heitere Energie freigesetzt. So vermögen wir nicht nur die Tiefen unseres Inneren zu erreichen und anstehende Probleme zu lösen, sondern gewinnen auch Zugang zu einem Zustand reinen Gewahrseins. Meditation über den Körper, die Gefühle, die Natur und die mit ihr verbundenen täglichen Übungen vermögen Energie zu erhalten und zu schaffen.

Sie werden so gewahr sein, dass die bewusste Anwendung dieser Energie Sie Liebe, Mitgefühl und Tatkraft aus der profunden Erkenntnis schöpfen lässt, dass alle Aspekte des Lebens miteinander verbunden sind.

Kann Meditation mein bewusstes Gewahrsein stärken?

Die Vor-bereitung

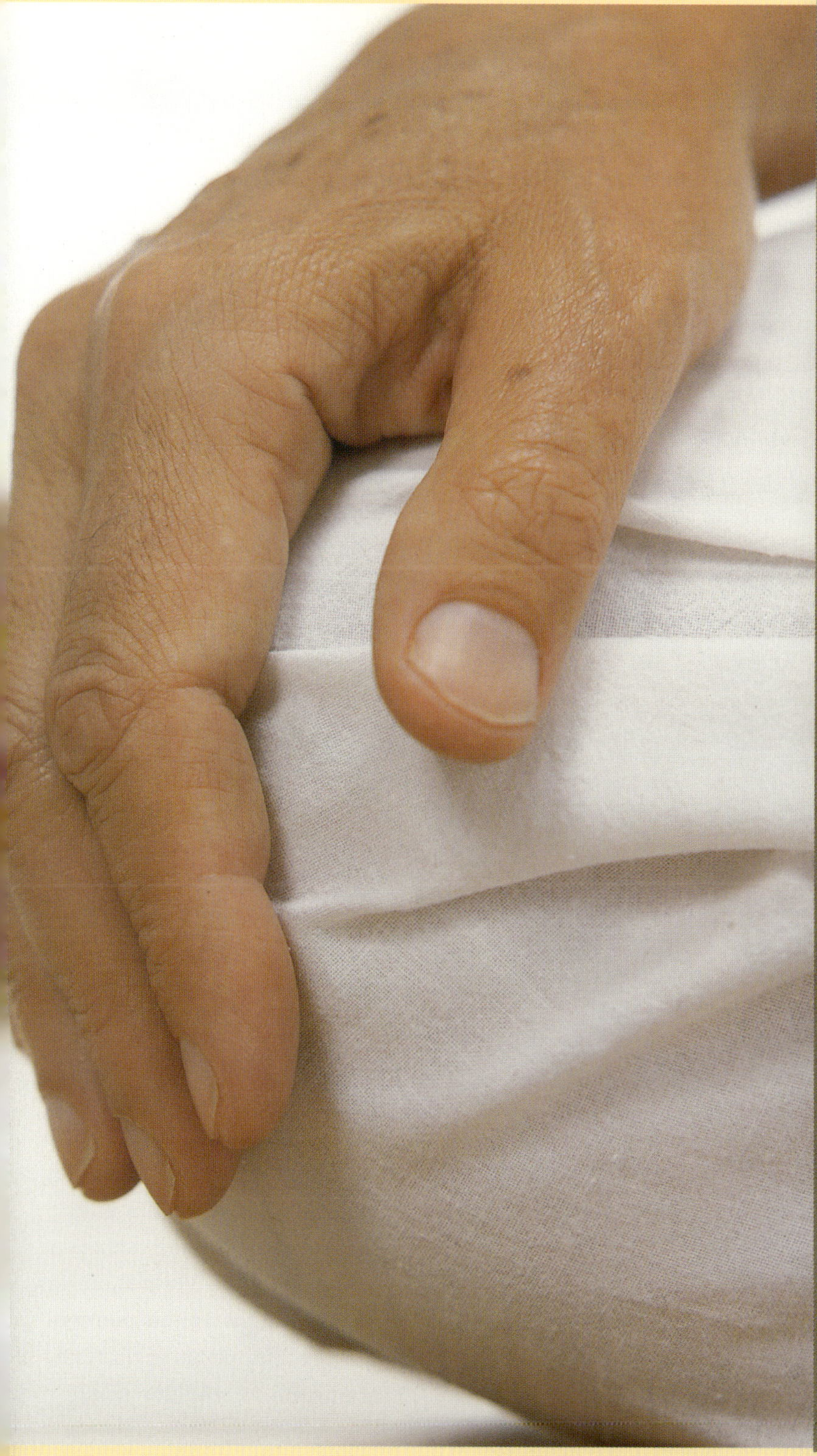

Das „Mudra des Berührens der Erde“ wird vollzogen indem man in kniender Haltung die Hände auf die Knie legt. Das erinnert uns an den tieferen Sinn, die Erde als Maßstab für ein bewusstes Leben anzusehen.

Die meisten Menschen können sich an ihre erste meditative Erfahrung erinnern. Das mag das Befolgen von Anleitungen aus einem Buch wie diesem, die Teilnahme an einem Kurs oder einem Workshop oder der Aufenthalt in einem Meditationshaus oder einem Kloster gewesen sein. Meine allererste Reaktion auf Meditation war nicht außergewöhnlich und mag Menschen ermutigen, die ähnliche Erfahrungen gemacht haben.

MEIN ERSTER MEDITATIONSLEHRER, Ajahn Dhammadaro aus Thailand, gab mir die ersten Anleitungen und lehrte mich, diese im Laufe des Tages so oft wie möglich zu praktizieren. Er sagte mir, ich solle mich mit gekreuzten Beinen und aufrechtem Rücken ruhig hinsetzen und rhythmisch und langsam meine Hände vor dem Körper auf und ab bewegen. Mein Unterarm war ausgestreckt. Ich bewegte den Unterarm vom Ellenbogen bis zu den Fingern Zentimeter für Zentimeter empor, bis meine Hand fast die Schultern berührte. Dann senkte ich den Arm, bis meine Hand fast den Oberschenkel berührte.

Mein Lehrer sagte mir, ich solle während der Bewegung auf das Aufsteigen von Wärme und auf das Kribbeln in Fingern, Handfläche und Arm achten. Es war sehr anstrengend, diese Übung eine Stunde durchzuführen. Das entsprach nicht dem, was ich mir unter Meditation vorgestellt hatte, und ich konnte den Sinn darin auch nicht erkennen. Mit der Zeit stiegen Zweifel in mir auf. Mein Körper schmerzte. Nach einigen Tagen hatte ich die darin liegende Erkenntnis gewonnen. Ich verstand, wie wichtig meine rechte Hand war. Ich erkannte, dass Meditation meine innere Achtsamkeit schärfte. Plötzlich hatte sich diese Form der Meditation von einem eher mechanisch wiederholenden Vorgang in ein Verstehen der Beziehung zwischen meinem Körper und Geist gewandelt. Meine Hand war der Ausdruck meines Innenlebens.

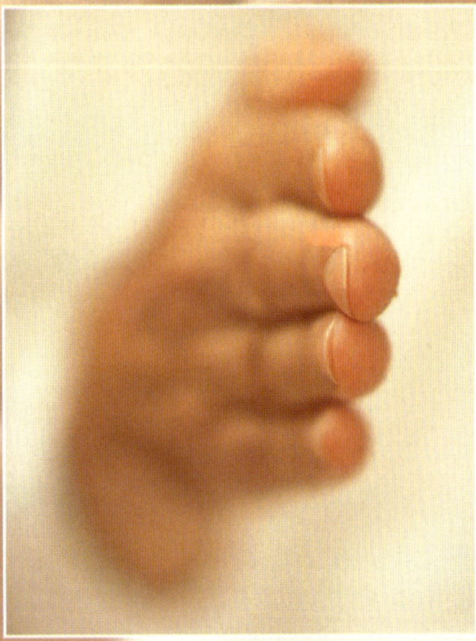

Jeder Augenblick ist voller Sinn
Langsame bewusste Bewegungen der Hand helfen dem Geist, die Gegenwart wahrzunehmen.

Bewusstes Atmen

Diese Form der Meditation ist der Dreh- und Angelpunkt in diesem Buch. Sie trägt wesentlich bei zu geistiger Klarheit sowie seelischer Ausgeglichenheit und hilft uns in vielen Situationen, besonders wenn es gilt, ruhig und konzentriert zu bleiben. Bewusstes Atmen wird in vielen Sportarten, wie Tennis und Schwimmen, eingesetzt, um immer völlig gegenwärtig und ruhig zu bleiben. Wird das bewusste Atmen regelmäßig praktiziert, erreichen wir eine tiefere Achtsamkeit und klarere Sicht der Dinge, wie sie sind. Diese Übung befreit uns aus den rein reaktiven Handlungen, wie sie oft aus Angst, Zorn und Verwirrung erwachsen.

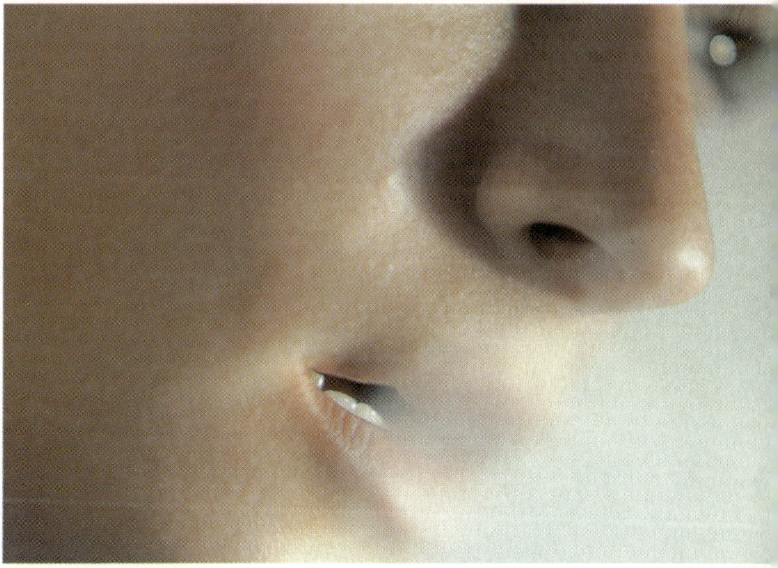

Atmen Sie tief ein und aus
Werden Sie sich all der verschiedenen körperlichen Empfindungen während des tiefen Ein- und Ausatmens bewusst.

Übung

1. *Achten Sie in sitzender Haltung auf Ihren Atem.*
2. *Nehmen Sie wahr, wie sich Ihr Körper während des Einatmens ausdehnt und während des Ausatmens zusammenzieht.*
3. *Achten Sie darauf, wie die Luft durch Ihre Nasenlöcher aus- und einströmt.*
4. *Spüren Sie, wie die Luft die Nase hoch, dann den Hals hinunter und in die Lunge hineinströmt und wie sich Ihr Körper ausdehnt, während Sie einatmen. Fühlen Sie, wie Ihr Körper beim Ausatmen zur Ruhe kommt.*
5. *Nehmen Sie die Ruhe vor dem nächsten Atemzug bewusst wahr.*
6. *Seien Sie beim Kommen und Gehen des Atems klar und gegenwärtig. Entwickeln Sie dies weiter.*

Entspannen beim Ausatmen

Wenn wir innerlich unruhig sind, dann sollten wir lang und tief atmen und uns beim Ausatmen entspannen. Wir wiederholen den Vorgang, indem wir ruhig lang und tief ein- und ausatmen. Falls wir uns nach einigen Atemzügen ein wenig benommen fühlen, kehren wir zu ruhigem, stetigem Atmen zurück. Willenskraft kann in der Meditation Druck und Anspannung erzeugen, die manchmal zu Kopfschmerzen führt. Wir sollten daher lieber sanft vorgehen.

Wir werden uns bewusst, wie der Atem kommt und geht. Allen Vorgängen, Erfahrungen, Gedanken und auch Gemütszuständen ist dieses charakteristische Kommen und Gehen gemein. Schmerzt uns das Sitzen, entspannen wir beim Ausatmen, wobei jede Anspannung, die sich durch den Schmerz im Körper gebildet hat, gelöst wird.

Wir nehmen alle Empfindungen wahr, die mit dem Ein- und Ausatmen aufkommen: Wärme, Schwingungen, Pulsieren, Kribbeln, Anspannungen, ganz gleich, ob angenehm oder unangenehm. Beobachten Sie, wie der Atem zu Beginn des Atemzugs den Körper berührt und wie er ihn wieder verlässt.

Wenn Sie sich in sitzender Haltung müde und schläfrig fühlen, dann benutzen Sie eine andere Form der Meditation, um den Arm so langsam auf und ab zu führen (der Ellenbogen berührt die Rippen), dass die Bewegungen einen eindeutigen Anfang und ein Ende haben. Nehmen Sie die Bewegung jeden Augenblick, gleich ob mit geschlossenen oder offenen Augen, bewusst wahr.

Atmen bedeutet Leben
Das Atmen ist wie eine Brücke zwischen Körper und Geist.

Die Zählmethode

Das Element Luft bekräftigt unsere Nähe zu und Abhängigkeit von der uns umgebenden Welt. Diese Wahrnehmung trägt zur Befreiung von einer egozentrischen Existenz bei. Manchmal ist es nützlich, in den ersten Minuten der Atem-Meditation die Zählmethode anzuwenden. Dabei zählen wir bei jedem Ausatmen bis zehn und fangen dann wieder bei eins an. Wenn wir unwillkürlich weitergezählt haben oder unsere Gedanken abzuschweifen beginnen, fangen wir wieder bei eins an. Richten Sie die Aufmerksamkeit nicht ausschließlich auf das Zählen, sonst verlieren Sie den Kontakt zum Atem.

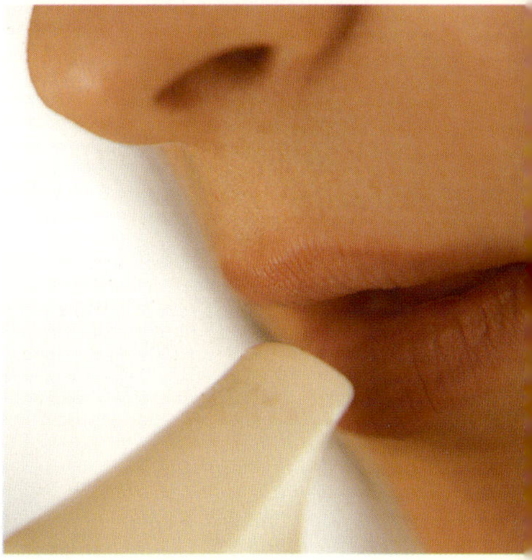

Bewusstes Atmen ist praktisch
Bewusstes Atmen hat praktische Auswirkungen, zum Beispiel, wenn man ein Instrument spielt oder Sport treibt.

Den Atem trainieren

Nur Übung lässt uns den Unterschied zwischen entspanntem Kontakt zu unserem Atem und dem Versuch, diesen durch Druck zu kontrollieren, erkennen. Mit dieser Übung entwickeln wir Achtsamkeit für das Atmen, ohne es durch Gedankenkraft zu beeinflussen. Zunächst wird der Atem eher schnell und ungleichmäßig sein. Mit etwas Geduld erreichen wir einen Ruhezustand, doch der Versuch den Atem mit Willenskraft zu bändigen führt leicht zu Verspannungen. Allein durch unsere Aufmerksamkeit beeinflussen wir den Atem. Dieser Einfluss wird in dem Maß größer, wie die Harmonie zwischen Körper und Geist wächst.

Es ist entscheidend, dass wir die Übungen auch dann fortsetzen, wenn wir nur langsam Fortschritte zu machen scheinen. Diese Erfahrung ist nicht außergewöhnlich. Je erfahrener wir in der Meditation werden, um so mehr verspüren wir deren positive Auswirkungen. Hüten Sie sich vor Leuten, die sich abfällig über Meditation äußern. Denken Sie daran, dass diese nicht aus eigener Erfahrung sprechen, sondern unbegründete Ansichten vertreten. Es ist Ihre Erfahrung, die zählt. Wenn die Meditation zu Ihrem Wohlbefinden, Ihrem inneren Gleichgewicht und Ihrer geistigen Klarheit beiträgt, dann ignorieren Sie einfach alle negativen Äußerungen.

Haltungen

Im Sitzen

Es macht keinen Unterschied, ob wir mit gekreuzten Beinen auf einer Meditationsbank oder einem Stuhl ohne Lehne sitzen (es sei denn, sie ist erforderlich). Die Haltung unserer Beine spielt keine Rolle. Wir dürfen uns nicht von den unzähligen Bildern von Yogis, die im Lotus-Sitz meditieren, beeinflussen lassen. Die Sitz-Meditation sollte an einem besonders ruhigen Ort in der Wohnung praktiziert werden. Ein Kissen, ein Hocker, ein Stuhl oder ein Sessel in einem Raum abseits vom Lärm reichen aus. Wir können dabei in den Raum oder auf die Wand blicken.

Die sitzende Haltung

- *Spüren Sie den Körper vom Kopf bis zu den Zehen.*
- *Richten Sie Ihre Aufmerksamkeit auf Ihre Körperhaltung.*
- *Lassen Sie den Kopf leicht auf den Schultern ruhen.*
- *Senken Sie das Kinn leicht.*
- *Schieben Sie die Hüften nach vorne und heben Sie das Zwerchfell und den Brustkorb.*
- *Seien Sie empfänglich für das Hier und Jetzt.*
- *Lassen Sie alle Gedanken, Worte und Ideen sanft durch Ihr Bewusstsein ziehen.*
- *Erfahren Sie Ihre stille Gegenwart im Hier und Jetzt.*

Jeder Augenblick, in dem Sie sich der Gegenwart bewusst sind, ist ein Augenblick der Meditation. Sie sollten nicht zwanghaft versuchen, eine idealisierte Ebene der Meditation zu erreichen. Die Tiefe kommt ganz von alleine. Es reicht, wenn Sie mit empfänglichen Sinnen aufrecht mit geöffneten oder geschlossenen Augen sitzen. Fällt Ihnen das bewusste, entspannte Meditieren mit offenen Augen leichter, dann meditieren Sie mit offenen Augen.

Atmen Sie bewusst.
Machen Sie die Übung 20 Minuten.

Wärme
Wickeln Sie sich in einen Schal oder eine Decke, um es warm und bequem zu haben.

Unterstützung bei der eigentlichen Meditation

Drei wohltuende Hilfen für die Meditation im Sitzen:

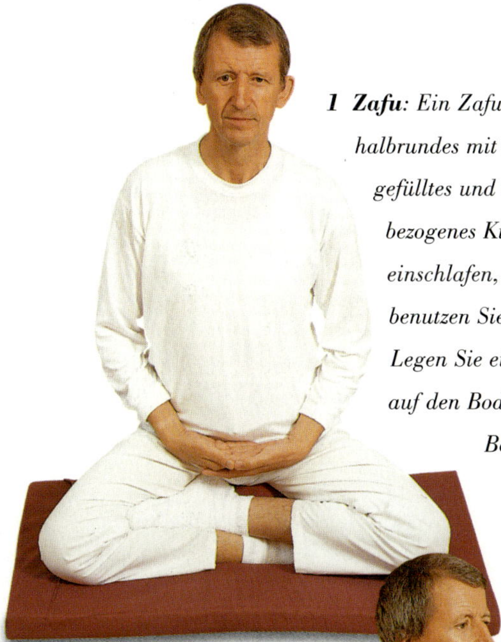

1 ***Zafu**: Ein Zafu ist ein festes, rundes oder halbrundes mit Dinkelspelz oder Buchweizen gefülltes und mit Baumwolle oder Samt bezogenes Kissen. Sollten Ihre Beine einschlafen, schlagen Sie sie unter oder benutzen Sie ein zusätzliches Kissen. Legen Sie eine zusammengefaltete Decke auf den Boden, um den Fußknöcheln und Beinen Halt zu geben.*

2 ***Meditationsbank**: Eine solche Bank hat häufig eine gepolsterte Oberfläche. Nehmen Sie eine kniende Haltung ein, bei der die Beine unter der Bank liegen. So wird der Rücken bequem gerade gehalten und kaum Druck auf die Beine ausgeübt.*

3 ***Stuhl**: Sitzen Sie auf einem Stuhl mit aufrechter Lehne, möglichst mit festem Polster und ohne Armlehnen. Nutzen Sie die Rückenlehne nur, wenn Sie Rückenprobleme haben.*

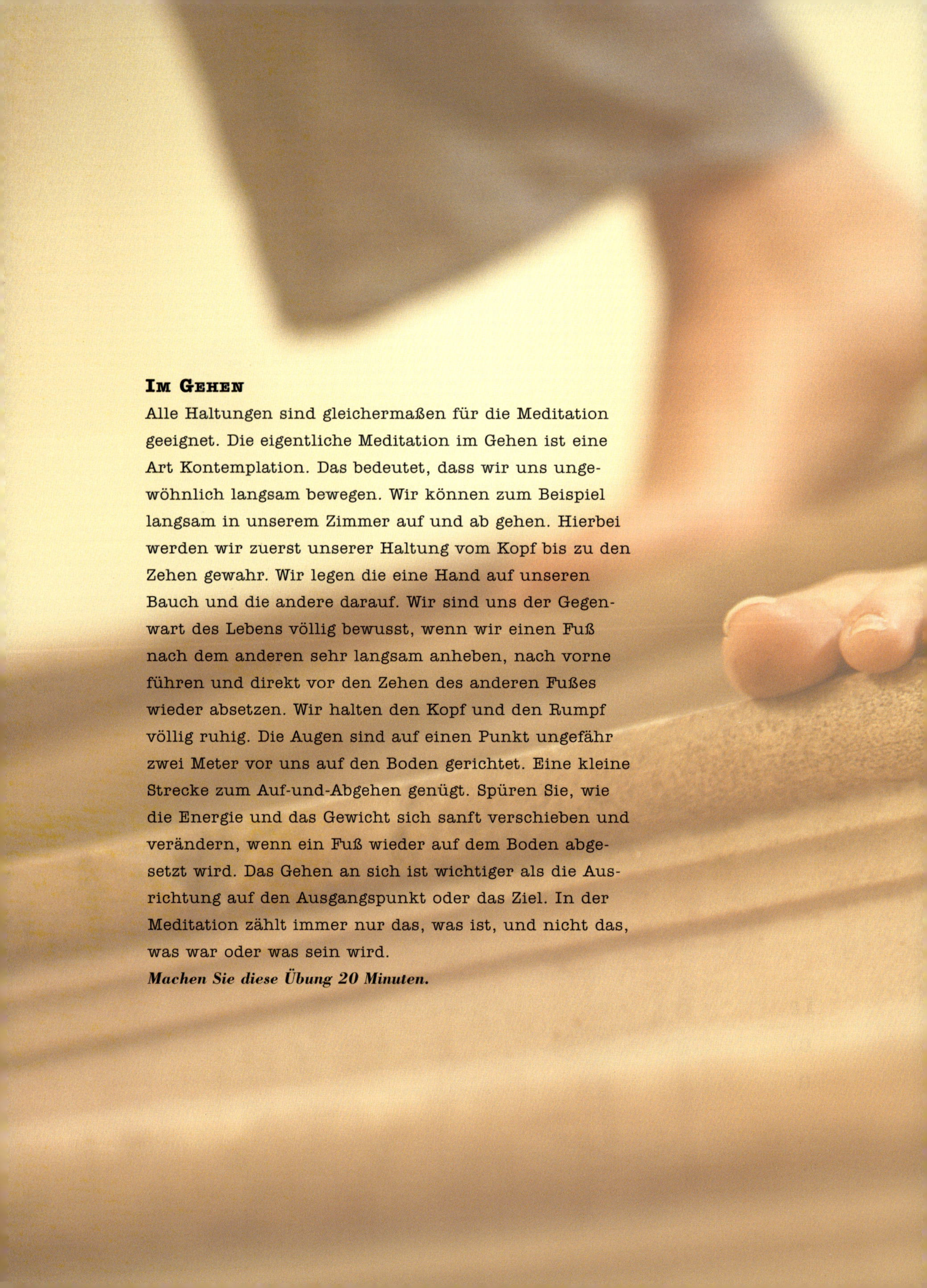

Im Gehen

Alle Haltungen sind gleichermaßen für die Meditation geeignet. Die eigentliche Meditation im Gehen ist eine Art Kontemplation. Das bedeutet, dass wir uns ungewöhnlich langsam bewegen. Wir können zum Beispiel langsam in unserem Zimmer auf und ab gehen. Hierbei werden wir zuerst unserer Haltung vom Kopf bis zu den Zehen gewahr. Wir legen die eine Hand auf unseren Bauch und die andere darauf. Wir sind uns der Gegenwart des Lebens völlig bewusst, wenn wir einen Fuß nach dem anderen sehr langsam anheben, nach vorne führen und direkt vor den Zehen des anderen Fußes wieder absetzen. Wir halten den Kopf und den Rumpf völlig ruhig. Die Augen sind auf einen Punkt ungefähr zwei Meter vor uns auf den Boden gerichtet. Eine kleine Strecke zum Auf-und-Abgehen genügt. Spüren Sie, wie die Energie und das Gewicht sich sanft verschieben und verändern, wenn ein Fuß wieder auf dem Boden abgesetzt wird. Das Gehen an sich ist wichtiger als die Ausrichtung auf den Ausgangspunkt oder das Ziel. In der Meditation zählt immer nur das, was ist, und nicht das, was war oder was sein wird.

Machen Sie diese Übung 20 Minuten.

Im Stehen

Es gibt viele Möglichkeiten für die Meditation im Stehen. Zum Beispiel, wenn wir auf jemanden warten. Wenn wir uns der Situation hingeben, können leicht unliebsame Gefühle wie Langeweile, Ungeduld und Ärger oder gar Zweifel aufkommen. Wir vergessen dann, dass wir immer dort sind, wohin wir uns begeben haben. In der stehenden Meditation werden wir unserer Haltung vom Kopf bis zu den Zehen gewahr: die Füße stehen nahe beieinander und der Körper ist gerade. Im Gegensatz zu einem Soldaten stehen wir jedoch nicht „stramm“. Die Übung soll uns die entspannte Gegenwärtigkeit des ganzen Körpers vermitteln, insbesondere den Kontakt unserer Füße mit dem Boden.

Die Meditation im Stehen kann unsere Beziehung zu dem Ort verändern, an dem wir uns befinden. Wir achten auf unseren Körper, um zu erkennen, ob wir in den Schultern, dem unteren Rücken, den Wadenmuskeln usw. verspannt sind. Wir richten unsere Aufmerksamkeit auf diese Bereiche, um sie zu entspannen. Zu Beginn ist eine Meditation im Stehen nur wenige Minuten angenehm. Wir können dann zu einer kleinen Meditation im Gehen wechseln, bevor wir zur stehenden Haltung zurückkehren.

Im fernen Osten ist es durchaus üblich, dass die Menschen, bevor sie zur Arbeit gehen, auf öffentlichen Plätzen Tai-Chi-Übungen machen. Ich hoffe, es wird einmal eine Zeit kommen, in der Menschen auch anderswo ihre Übungen, sei es im Sitzen, im Gehen, im Stehen, im Liegen, beim Essen oder sonstigen Bewegungen öffentlich und ohne Befangenheit, ausführen können. ***Machen Sie diese Übung 20 Minuten.***

Entspanntes Liegen
Im Liegen ruht der Körper gerade und völlig bewegungslos. Er liegt entspannt auf dem Boden oder der Matratze.

Im Liegen

Bei der Meditation im Liegen legen wir uns mit aufeinander ruhenden Fersen gerade auf die Seite, oder wir ziehen die Knie so an, dass die Hacken nah am Gesäß liegen. Wir können auf einer Decke, einer harten Matratze oder auf dem Rasen (vorzugsweise im Schatten) liegen. Dann betten wir unseren Kopf auf ein kleines, festes Kissen oder auf zwei oder drei Bücher. Unsere Arme liegen längs am Körper, die Handflächen sind nach oben oder nach unten gerichtet. Wenn unser Körper ganz ruhig ist, spüren wir seine Gegenwart und den Kontakt mit dem Boden oder der Matratze.

Wir verharren sehr ruhig. Unsere Augen sind offen oder geschlossen. In dieser Haltung entspannen wir den Körper und den Geist. Möglicherweise schlafen kurz wir ein. Das ist in Ordnung. Wenn wir wieder wach sind, verharren wir ein bis zwei Minuten in dieser Haltung, ehe wir uns bewegen. Schlafen wir immer wieder ein, können wir eine Hand hochheben, die Finger zeigen zum Himmel oder zur Decke. Das hilft, um wach zu bleiben. Die Meditation im Liegen kann hilfreich sein, wenn wir einen schmerzenden Körper oder Probleme mit dem aufrechten Sitzen haben. Es bedarf jedoch etwas Anstrengung, um nicht einzuschlafen.
Machen Sie diese Übung 20 Minuten lang.

Meditation beim Essen

Es gibt zwei grundsätzliche Erwägungen für die Meditation beim Essen:

1 Ernährung

Ernähren Sie sich von leicht verdaulichen Nahrungsmitteln, wie Früchten, Gemüse, Getreide und Proteinen. Ihr Stoffwechsel entscheidet darüber, wie viel sie essen müssen. Verunsicherung, Angst und die Macht der Gewohnheit haben ebenfalls einen Einfluss. Geistige Ausgeglichenheit trägt zu einer ausgewogenen Essensweise bei.

2 Achtsamkeit

Führen Sie das Essen mit Bedacht zum Mund, kauen sie bewusst und schlucken Sie achtsam. So nehmen wir den unterschiedlichen Geschmack unserer Nahrungsmittel und Getränke jeden Augenblick aufs Neue wahr. Wenn wir die Nahrung schlucken, sollte diese fast flüssig sein. Sowohl für die Verdauung wie auch für unseren inneren Frieden ist es nützlich, ohne Hast zu essen. Wir können auch eine Beere, ein Stück Banane oder etwas anderes für eine Ess-Meditation auswählen. Dabei werden wir uns des Kauens völlig bewusst.

Gesundes Essen
Wir müssen darüber nachdenken, was, wie viel und in welchem Tempo wir essen. All diese Faktoren tragen zu unserer körperlichen Gesundheit bei.

3 Aufmerksamkeit

Hören Sie auf Ihren Körper und beenden Sie die Mahlzeit, wenn Sie zu zwei Dritteln satt sind. Essen Sie in Maßen das, worauf Ihr Körper Appetit hat. Haben Sie Hunger auf etwas Bestimmtes, dann braucht Ihr Körper dies. Dies gilt für Menschen, die relativ gesund sind und kein extremes Verlangen nach raffinierten Nahrungsmitteln, wie Zucker, haben. Was Sie essen, sollte möglichst frisch und ohne chemische Konservierungsstoffe sein. Wir können lernen, das Essen zu schätzen, ohne dabei gleichzeitig in einem Buch oder einer Zeitung zu lesen. So wie wir uns an den Kontakt mit anderen gewöhnen, können wir uns auch an ein achtsames Zusammensein mit uns selber gewöhnen. Am Ende eines meditativen Essens ist es sinnvoll über Dank und Anerkennung nachzudenken, wie zum Beispiel:

- *Mögen die Bauern und ihre Familien, die diese Nahrung angebaut haben, in Frieden und Harmonie leben.*
- *Mögen Sie nicht von Überschwemmungen, Dürre und Not geplagt werden.*
- *Möge ihre Verbundenheit mit dem Land sie und ihre Gemeinschaften ernähren.*
- *Mögen all die, welche die Nahrungsmittel von den Höfen transportieren, sicher fahren.*
- *Mögen sie und ihre Familien glücklich und zufrieden sein.*
- *Mögen all die, welche auf den Märkten, in den Läden und Supermärkten arbeiten, glücklich und zufrieden sein.*
- *Möge ihr Tag frei von Druck und Streit sein.*
- *Mögen alle in Frieden leben.*

Ernährung
Eine ausgewogene Ernährung trägt zu einem langen gesunden Leben bei.

Meditation in Bewegung

Meditation in Bewegung kann so unterschiedlich wie Rad fahren, Tanzen, Joggen, Yoga oder klassischer Kampfsport sein. Achtsames Sich-Bewegen bringt Energie und Kreativität, ganz gleich, ob wir es alleine, zu zweit oder in einer Gruppe machen. Heutzutage gehen viele Menschen zu Freiluftkonzerten, da diese Möglichkeit bieten zu stehen oder sich zu bewegen.

Bei der Meditation in Bewegung bewegen wir uns sanft und zielgerichtet, um so alle Körperteile bewusst zu spüren. Für Musikliebhaber gibt es für jede Stimmung die richtige Begleitmusik – Klassik, Rock oder New Age. Meditation in Bewegung kann sowohl helfen, Verspannungen, die sich im Laufe des Tages gebildet haben, zu lösen, als auch zur Vorbereitung für eine Meditation im Sitzen dienen.

Jogging ist eine Möglichkeit, mit der Energie des Körpers, dem Atmen und der Natur in Kontakt zu bleiben. Welch wichtige Rolle der Geist dabei spielt, habe ich während eines Marathonlaufs erkannt. Als ich mich während des Laufens erschöpft fühlte, begannen meine Gedanken abzuschweifen. Dies führte unter anderem dazu, dass ich langsamer zu laufen begann. Der Geist beeinflusst den Körper und der Körper beeinflusst den Geist. Laufen und schnelles Gehen können den Energiefluss verändern. Wenn wir den Körper durch Training mit Energie aufladen, führt dies zu höheren Stufen des Bewusstseins, der Achtsamkeit, der Bewegung und der Harmonie. Dieses Gefühl der Verbundenheit mit dem Leben und der Erde ist ein wunderbares Ergebnis ursprünglicher Gegenwärtigkeit.

Mit allen Meditationsübungen in diesem Kapitel steigern wir unsere meditative Erfahrung. Diese Übungen können, ganz gleich ob wir sitzen, stehen, gehen oder ruhen, zu einem festen Bestandteil unseres Tagesablaufs werden. ***Machen Sie diese Übung täglich 20 Minuten.***

Rad fahren. *Rasen Sie nicht zu Ihrem Ziel, sondern genießen Sie den Rhythmus der Bewegung.*

Zeit zum Meditieren

Meditation ermutigt uns nicht nur, den Tag zu genießen, sondern auch den ganzen Tag über achtsam zu sein. Wenn wir der Fülle eines jeden Augenblicks zusätzliche Aufmerksamkeit schenken, gelangen wir zu einem tiefen Verständnis eines bewussten Lebens und bleiben in Verbindung mit dem, was uns umgibt.

Feste Abläufe
Aufstehen, zu Bett gehen und Termine können auch unser Innenleben beeinflussen.

Am Morgen

Die Meditation zu Beginn des Tages ist anstrengend und erfordert Disziplin. Um früh am Tag zu meditieren, ist es vielleicht sinnvoll, uns mit kaltem Wasser zu erfrischen und den Körper einige Minuten zu dehnen. Möglicherweise müssen wir sowohl unsere morgendliche Routine als auch unsere innere Einstellung ändern. Wir hetzen dann nicht mehr durch den Morgen, um uns und unsere Familie rechtzeitig auf den täglichen Weg zu bringen. Wir beginnen den Tag mit Bedacht und ohne Hast. Jeder Augenblick zählt. Wir vergegenwärtigen uns, was wir tun. Dazu gehört auch die Bereitschaft, uns hinzusetzen und zu meditieren. Wenn wir mehr Zeit für die ersten Aufgaben des Tages benötigen, stehen wir früher auf und geben uns so die Möglichkeit, achtsam vorzugehen. Viele, die meditieren, beginnen den Tag bei Sonnenaufgang. Vielleicht möchten Sie einen kleinen Spaziergang machen, um den neuen Tag zu begrüßen, oder einen Stuhl ans Fenster stellen, um die ersten Sonnenstrahlen willkommen zu heißen. Reicht die Zeit, können Sie nach dem Sonnenaufgang nochmals ins Bett gehen. Der Körper kann sich an zwei Schlafphasen gewöhnen, aber wir können auch einfach nur still daliegen und bewusst atmen.

Manche Menschen sind am Morgen, besonders beim Meditieren, immer müde. Ist das der Fall, müssen Sie mit offenen Augen meditieren, möglichst nicht blinzeln und sich auf etwas unmittelbar vor Ihnen, wie eine Kerze, ein religiöses Objekt oder einen Farbtupfer auf dem Teppich, konzentrieren.

Erfrischen Sie sich
Spritzen Sie sich am Morgen kaltes Wasser ins Gesicht. Das stimuliert die Zellen, erfrischt die Haut und macht Sie hellwach.

Am Abend

Die Abendstunden sind besonders wertvoll für die Meditation. Wenn wir von der Arbeit oder dem Studium nach Hause kommen, essen wir zu Abend, machen den Abwasch und den Haushalt. Danach wollen wir oft nur noch in einen Sessel sinken. Wenn wir abends regelmäßig meditieren wollen, empfiehlt es sich, die Meditation nicht an die letzte Stelle zu setzen, da wir dann möglicherweise zu müde sind. Lassen Sie das Geschirr stehen oder verschieben Sie das Essen auf später. Wir sollten, gleich ob abends oder morgens, immer 20 Minuten meditieren. Bis zu einer Stunde zweimal täglich meditieren Menschen, die dies regelmäßig tun. Auch hier gilt: Qualität vor Quantität. (In Kapitel 5: 20 Meditationen für den Tag finden Sie besondere Meditationen, die Sie praktizieren können, wenn Sie die Atem-Meditation beherrschen.)

Prioritäten

Was ist wichtiger – der Abwasch oder die Meditation, um den Kopf frei zu machen? Die Meditation sollte für Sie an erster Stelle stehen.

Schlafenszeit

Manche Menschen haben Schwierigkeiten beim Einschlafen. Es ist, als ob der Übergang vom Wachen zum Schlafen durch körperliche Befindlichkeiten, durch Geräusche und Gedanken aller Art gestört wird. Im Allgemeinen ist es besser, schlafen zu gehen, wenn wir das Abendessen bereits verdaut haben. Menschen, die Probleme mit dem Einschlafen haben, hilft es womöglich, ein wenig warme Milch zu trinken, ein Stück Banane zu essen oder auch beides zu tun, bevor sie ins Bett gehen. Der Gedanke „Ich kann nicht schlafen" kann uns daran hindern einzuschlafen, doch wir können unsere Entspannung maximieren, indem wir unseren Körper auf der Matratze zur Ruhe kommen lassen. Mit einiger Übung wird der Übergang in den Schlaf dann einfacher.

Meditation bei Nacht
Meditieren in der Nacht trägt zu tiefem inneren Frieden bei.

In der Nacht

Wir wachen mitten in der Nacht auf und es ist absolut still. Wir sind uns der unzähligen Millionen Menschen in unserer Hemisphäre bewusst, die zu dieser Zeit in tiefem Schlaf liegen. Anstatt wieder einzuschlafen, können wir die große Bedeutung dieser Stille schätzen lernen. Wenn wir Zugang zu dieser Stille finden, erfahren wir ein tiefes Gefühl der inneren Ruhe.

Wir können diese Zeit sowohl für eine Meditation im Sitzen als auch im Liegen nutzen. Es kann hilfreich sein, mit gekreuzten Beinen aufrecht und stabil auf dem Bett zu sitzen. Halten Sie sich mit einer dünnen Decke warm. Sie können aber auch in Ihre Meditationsecke gehen. Wenn Sie am folgenden Tage müde sind, ist es wichtig, sich zusätzlichen Schlaf oder Pausen zu gönnen. Ein kurzes Nickerchen im Sessel kann sehr erholsam sein.

Schwierigkeiten

überwinden,

Ausgeglichenheit

finden

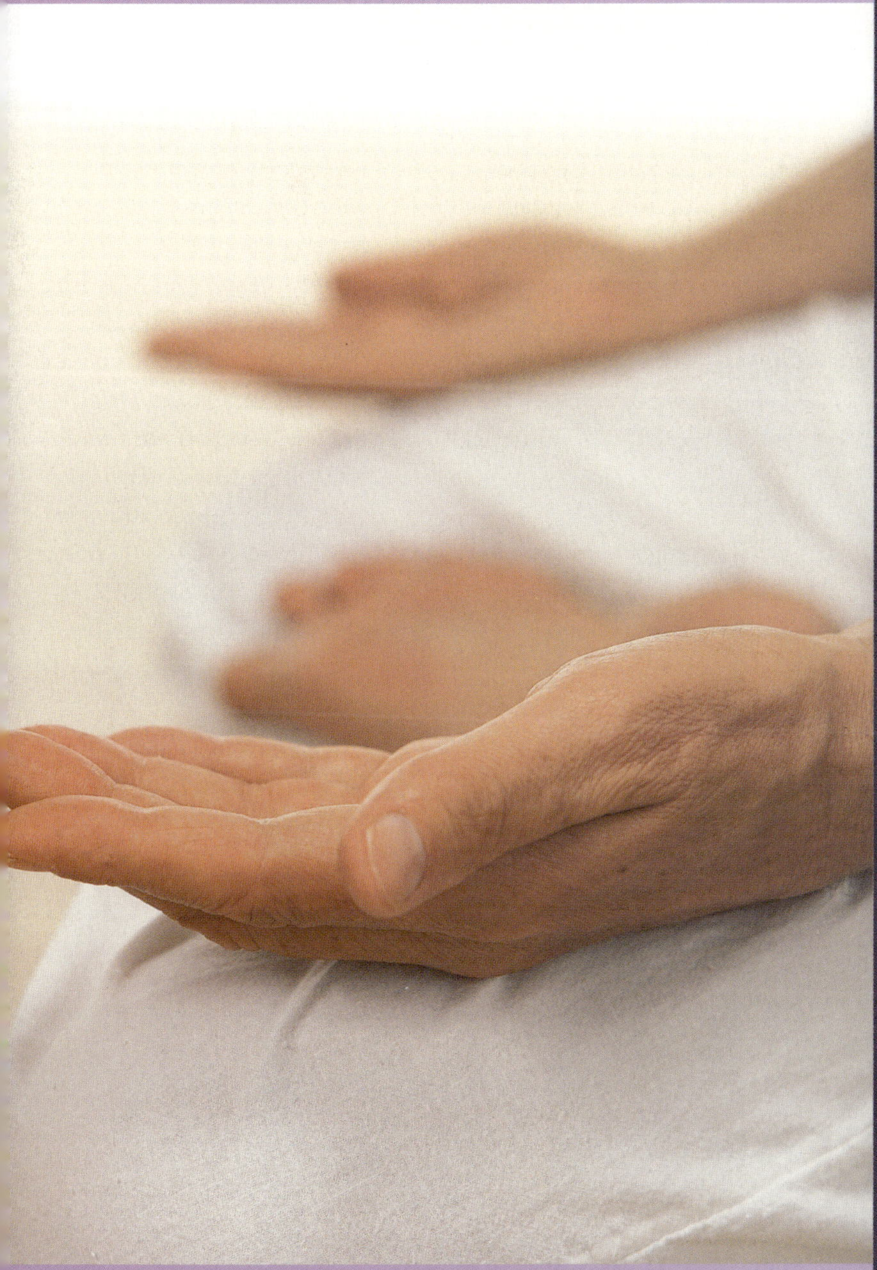

Das „Mudra der Empfänglichkeit“ wird mit gekreuzten Beinen im Sitzen auf dem Boden oder auf einem Stuhl mit nach oben weisenden Handflächen vollzogen. Wir bleiben offen für alles, was sich ereignet.

Sich selbst zu kennen heißt in Frieden mit sich zu leben. Wenn wir uns selber nicht richtig kennen, wird unser Geist darauf reagieren. Er ruft Probleme hervor, die häufig wiederkehren können.

GLÜCKLICHERWEISE SIND wir diesen Problemen nicht für immer ausgeliefert, denn wir können diese Situationen ändern. Wenn wir daran arbeiten, können wir ihre Macht brechen. Das bringt nicht nur Ausgeglichenheit und Klarheit in unser Leben, sondern auch Zugang zu den Tiefen der Erfahrung, die für uns unerreichbar sind, wenn wir im Leben nur reagieren. In der Meditation können, genau wie im täglichen Leben, unterschiedliche Schwierigkeiten auftreten. Inneren Frieden finden wir, wenn wir die zwölf angeführten weit verbreiteten Probleme lösen:

- *Stress*
- *Zwanghaftes Denken*
- *Sorge und Furcht*
- *Ärger*
- *Aufgeben von Zielen*
- *Kraft des Verlangens*
- *Macht der Gewohnheit*
- *Langeweile*
- *Körperliche Unruhe*
- *Ungeduld*
- *Zweifel*
- *Mangelnde Selbstachtung*

Jede dieser Schwierigkeiten ist unangenehm, ungewollt und unnötig. Alle verursachen sie unangenehme Gefühle, die unsere Lebensqualität und die von anderen beeinträchtigen. Diese Probleme können uns so im Griff haben, dass wir uns kaum daraus zu lösen vermögen. Manchmal lassen die Qualen allmählich nach, nur um später unter den gleichen oder ähnlichen Umständen wieder zurückzukehren.

Körperliche Anzeichen
Unser Körper offenbart unser Innenleben. Wenn wir glücklich und zufrieden sind, sieht man das in unseren Augen und an unserem Mund.

Stress

WENN STRESS UND Frustration ein gewissen Ausmaß erreichen, haben wir das Gefühl, dass in unserem Leben einfach nichts mehr klappt. Wir machen Fehler und sind unkonzentriert. Wir werden intolerant und fordern immer noch mehr von uns. Die Auswirkungen von Stress sollte man nie unterschätzen. Er schwächt unser Immunsystem, verlangsamt das Zellenwachstum und führt zu negativem Denken. Mit zunehmendem Alter vertragen wir Stress immer weniger.

Bei Stress trifft der Wunsch, Dinge zu erledigen, auf die Angst es einfach nicht zu schaffen. Um mit dem Stress fertig zu werden, müssen wir uns überlegen, was es in unserem Leben zu verändern gilt. Wenn wir herausfinden, dass wir zu viel, zu schnell, zu rasch und zu oft wollen, wäre es verfehlt anzunehmen, wir könnten so weiter machen und dennoch voll von geistiger Energie und völlig entspannt sein.

„Will ich wirklich etwas ändern?“ „Zu welchen Veränderungen bin ich in der Lage?” Es kann entscheidend sein, sich diese Fragen zu stellen, bevor Sie den unumstößlichen Wunsch nach Veränderung spüren. Die Beschäftigung mit diesen Fragen kann das Bewusstsein für die Ursachen des Stresses schärfen und Sie gleichzeitig ermutigen, gegen diese anzugehen. Manchmal bedeutet das auch, Dinge aufzugeben, die unser Leben dominieren.

Vielleicht hilft Ihnen ein Tag alleine, um die Probleme beiseite zu schieben und sich aufmerksam mit Ihrem Leben zu befassen. Das gibt Ihnen die Möglichkeit, Ihre Prioritäten zu überdenken. Sie können über Veränderungen nachdenken und eine kleine Liste von Dingen machen, die Sie sofort angehen wollen. Seien Sie darauf gefasst, dass Ihr Entschluss rasch verblassen kann! Dann können Sie eine andere Liste erstellen, auf der Sie vermerken, was Sie aufgrund der Getriebigkeit und dem Stress alles vernachlässigen. Regelmäßige Meditation hilft, gegen den Stress anzugehen.

Negative Gedanken
Wenn wir warten und ungeduldig sind, vergeht die Zeit langsam und das verursacht Stress und negative Gedanken.

Zwanghafte Gedanken

Es ist ein weit verbreiteter zwanghafter Gedanke, dass wir so viel zu erledigen haben, dass wir es niemals schaffen werden. Selbst wenn wir all unsere Aufgaben erledigt haben, denken wir, wir hätten es besser machen können. Kreisen unsere Gedanken ständig um die gleiche Sache, ist es wichtig, diesen Teufelskreis zu durchbrechen. Die Meditation im Stehen kann dabei helfen. Stehen Sie sehr, sehr still und geben Sie Ihrem Geist so die Möglichkeit, sich zu entspannen.

Fallbeispiel

Einem jungen Mann ging zu Beginn der Meditation immerfort eine Liedzeile durch den Kopf. Als ich ihn fragte, wie häufig er Musik höre, antwortete er lachend, er sei Musiker. Ich riet ihm, die Stille zu kultivieren und nur dann Musik zu hören, wenn er sich darauf konzentrieren könne. Ich bat ihn, die Liedzeile aufzuschreiben. Wollte ihn diese Zeile auf etwas aufmerksam machen? Gedanken, die sich immer auf dem gleichen Gleis bewegen, können den Geist auch schmerzhaft vereinnahmen. Deshalb riet ich ihm, nur noch mit offenen Augen zu meditieren und sich der Stille im Hier und Jetzt völlig hinzugeben. Zwanghafte Gedanken sind oft ein Hinweis auf reaktives Verhalten. Sie können auf einen Wunsch zur Genugtuung, auf negatives Denken und Zweifel oder Furcht hinweisen. Es kann helfen, diese Gedanken aufzuschreiben und sich zu fragen:

- *Was drückt dieses zwanghafte Denken aus?*
- *Kann ich mich von zwanghaften Gedanken befreien, indem ich meine Aufmerksamkeit auf etwas anderes richte?*
- *Gibt es eine andere Sicht des Problems?*
- *Muss ich meine Lebensumstände verändern?*

Musik

Wer die Stille zu schätzen weiß, kann auch Musik besser schätzen und umgekehrt.

Kleine Schritte
Manchmal ist es wichtig, sich an die Bedeutung eines kleinen Schrittes auf dem Weg in die Freiheit zu erinnern.

Sorge und Furcht

MENSCHEN ERFAHREN in ihrem Leben enormen Druck. Die Meditation kann besser helfen, wenn wir uns diese Belastungen eingestehen.

Sorgen sind oft ein Resultat von Druck. Angst entspringt aus unklaren Vorstellungen und Gefühlen. Sie durchzieht unser Leben wie ein permanenter Klang. Um Sorgen aufzulösen, müssen wir bewusst atmen. Das hilft uns dabei, ängstliche Gedanken zu überwinden. Wir müssen aber auch lernen, eine Situation in einem anderen Licht zu betrachten.

Das Problem mit der Angst ist, dass sie uns davon abhält, das zu tun, was angemessen und erforderlich ist. Wir wollen unser Leben wesentlich verändern, aber die Angst lässt uns die notwendigen Schritte nicht unternehmen. Unangenehme Gefühle und Gedanken steigen auf und produzieren ihrerseits wiederum Furcht. Durch die Kraft der Meditation können wir Handlungsfähigkeit entwickeln und so diese Gedankenmuster durchbrechen.

Möglicherweise wollen Sie Veränderungen in einem großen Schwung – wie von Angst zu Furchtlosigkeit – vollziehen, doch üben Sie sich etwas in Geduld. Dauerhafte Veränderungen vollziehen sich nur langsam.

FALLSTUDIE

Eine Frau befand sich längere Zeit in einer Nervenklinik. Die Patienten im Erdgeschoss standen kurz vor der Entlassung, die Patienten im fünften Stock, unter ihnen auch die Frau, waren noch weit davon entfernt. Die Frau wollte dennoch die Klinik verlassen, hatte aber Angst vor der Welt außerhalb. Eine Krankenschwester half ihr mit einer ausgefallenen Idee, den Weg nach draußen in das normale Leben zu finden. Sie forderte die Patientin auf, nur einen einzigen Schritt in Richtung Etagenausgang zu machen. Die Schwester markierte diese Stelle mit Kreide. Am nächsten Tag machte die Patientin wieder einen kleinen Schritt nach vorn, indem sie mit der Ferse an der Markierung begann. Die Schwester markierte den Fortschritt wieder mit einem Kreidestrich. Ungeachtet ihrer großen Furcht ging die Patientin langsam, Schritt um Schritt ihren Weg in die Freiheit. Tag für Tag bewegte sie sich nach vorn, dann die Treppen hinunter und Wochen später verließ sie die Klinik. Auf diese Weise können wir uns vielen Ängsten nähern. Wenn man mit zu hohen Erwartungen seine Ängste überwinden möchte, kann das zum Gegenteil führen.

Wut

WUT IST FÜR VIELE MENSCHEN ein großes Problem, ganz gleich, in welcher Form sie sich äußert, ob in stillem Groll, explosiven Ausbrüchen oder häufig schlechter Laune. Sie ist eine der Gemütsverfassungen, die das Leben so schwierig machen. Haben wir das erkannt, sollte es unseren Entschluss stärken, eine Übung durchzuführen, die den Geist davon befreit.

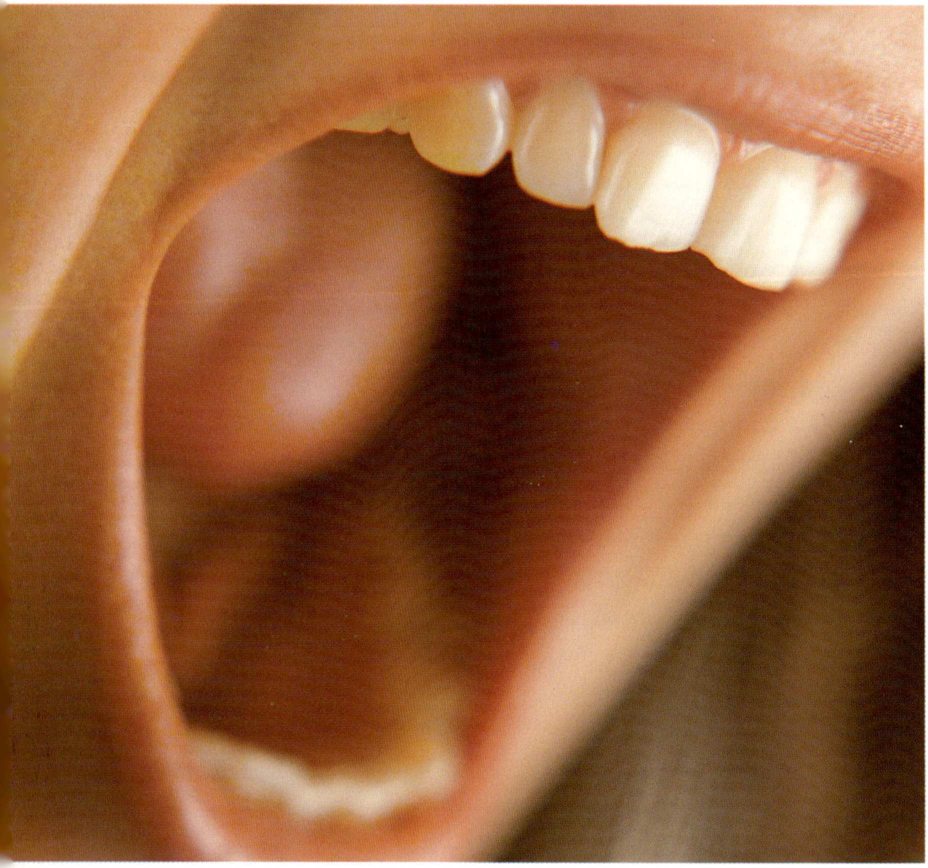

Wut ist zerstörerisch
Wut kann Ihr Gefühlsleben zerstören.

Die drei Hauptursachen für Wut sind:

- *Wir können das, was wir wollen, nicht bekommen.*
- *Wir fühlen uns verletzt. Wir können mit diesem Gefühl nicht umgehen und machen daher andere dafür verantwortlich oder greifen sie an.*
- *Wir kommen mit dem, was ist, nicht klar.*

Vom spirituellen Standpunkt aus gibt es in der Welt schon genug Wut, Vorurteile und Hass und so bemühen wir uns, reaktives Verhalten in Handeln, Liebe oder konstruktive Kritik umzuformen. Wir benötigen vielleicht Übung, eine Sache loszulassen, damit unser Zorn uns nicht auffrisst. Offene Kommunikation über unsere Gefühle und Gedanken und klare, verantwortungsbewusste Wahrnehmungen tragen dazu bei, den Schmerz des Zorns zu lösen.

Aufgaben verschieben

Oft verweisen wir in die Zukunft, um uns Aufgaben zu entziehen, und machen viele Pläne, was wir später alles noch zu tun gedenken. Das ist ein Weg, Handlung zu vermeiden und der Gegenwart zu entgehen. Die Zukunft wird so zu einem großen schwarzen Loch, in das wir unsere Ängste, Hoffnungen, Fantasien und Tagträume stopfen. Bewusstes Atmen verschafft dem Geist hier und jetzt die Möglichkeit zu Stille, Konzentration und Gegenwärtigkeit. Auf einem Schild in einem Schaufenster in Indien stand: „Barzahlung heute, Kredit morgen." Wenn wir uns aufmerksam um das Heute kümmern, lösen wir uns vom Hang, Dinge zu verzögern, ein Hang, der uns unser ganzes Leben begleitet und Gefühle des Scheiterns und der Enttäuschung verursacht. Wenn wir uns um das Heute kümmern, regelt sich das Morgen von allein. Wir müssen uns nur daran erinnern, dass wir, wenn wir zwei Schritte vorwärts und einen zurück machen, immer noch vorankommen. Hier eine Übung:

- Welches Ziel nehmen Sie sich vor?
- Müssen Sie, um dieses Ziel zu erreichen, andere Aufgaben zurückstellen?
- Ein ausgeglichenes Leben zu führen gibt uns die Fähigkeit ja oder nein zu sagen.
- Hier nun ein Weg, wie wir unsere Aufmerksamkeit im Hier und Jetzt auf eine Sache richten:

1. *Setzen Sie sich heute ein Ziel, das Sie vernachlässigt haben.*
2. *Widmen Sie sich ihm ganz.*
3. *Erreichen Sie es.*
4. *Halten Sie inne und würdigen Sie den Erfolg.*

Druck

In unserem täglichen Leben kann sich der Druck wie ein Wäscheberg auftürmen. Es ist sehr wichtig, sich die Zeit für notwendige Dinge zu nehmen, aber auch Zeit für die Entspannung zu finden.

Die Macht des Verlangens

Spielen und Spaß haben
Wenn wir überarbeitet sind, geht das häufig zu Lasten von Spiel und Spaß. Kinder und Erwachsene, die miteinander spielen, tragen zum Glück des anderen bei.

Manchmal überkommt uns ein unendliches Verlangen nach etwas. Dieses Verlangen kann uns richtig unter Druck setzen. Wir fühlen, dass wir keinen inneren Frieden mehr finden werden, bis wir bekommen haben, wonach wir verlangen. Das kann uns unglücklich und unzufrieden machen. Verbinden wir unser Nachdenken über das Verlangen mit einer Meditation, können wir unsere Prioritäten und Möglichkeiten erkennen, um künftig realistische Ziele vernünftig anzugehen.

Fallstudie

John arbeitete viele Jahre auf einem Güterbahnhof. Die schwere Arbeit führte zu Schmerzen in seiner Lendenwirbelsäule. Sein Arzt verordnete ihm Ruhe und Medikamente. Beides schien seine Schmerzen nicht zu lindern. Es fiel ihm immer schwerer, mit dem Schmerz fertig zu werden. Er reagierte gereizt. Seine Kinder mieden ihn und seine Frau konnte es ihm nie recht machen.

John entschied sich, zwei Dinge auszuprobieren. Er ließ sich von einem Chiropraktiker behandeln und begann zu meditieren, um unter Anleitung den schmerzenden Rückenbereich zu erkunden. Innerhalb weniger Wochen verließen ihn allmählich die Schmerzen, die ihn jahrelang gequält hatten, und gleichzeitig verschwand die Unzufriedenheit. Seine Frau und Kinder waren über die Veränderung sichtlich glücklich.

Regelmäßige Meditation gibt uns die Kraft, das zu akzeptieren, was wir hinzunehmen haben, und die Energie, das zu verändern, was wir zu ändern vermögen.

Wir müssen uns fragen:

- *Was wollen wir?*
- *Wie sehr ist unser innerer Frieden von unserem Erfolg abhängig?*
- *Wie können wir unser Streben ausbalancieren?*

Die Macht der Gewohnheit

Die Macht schlechter Angewohnheiten wirft die Frage auf, wie groß unsere Entscheidungsfreiheit ist. Um solche Gewohnheiten zu ändern, müssen wir sie genau beobachten. Wir sollten uns bewusst sein, dass wir an jeder schlechten Angewohnheit jeden Tag arbeiten müssen. Das Rauchen ist ein Beispiel für die Macht der Sucht. Abgesehen von den gesundheitlichen Aspekten gibt es noch weitere Bedenken gegen den blauen Dunst. Rauchen unterdrückt das Gefühlsleben. Wenn wir uns Sorgen machen oder uns aufregen, greifen wir nach einer Zigarette, stecken sie an, inhalieren den Rauch und lassen unsere Unruhe in Rauchwolken aufgehen. Auf Dauer stumpft das Rauchen jedoch unsere Sinne ab und schädigt die Körperzellen.

Fallstudie

Mary rauchte jeden Tag zwei Päckchen Zigaretten. Sie wusste, das war dumm. Da sie bereits über 30 Jahre rauchte, hatte sie eine richtige Raucherstimme. Sie hasste sich wegen dieser Abhängigkeit und war schlecht gelaunt und reizbar, wenn sie nicht rauchen konnte. Sie wusste um ihr Verlangen nach Zigaretten. Sie verspürte eine erregende Sehnsucht in ihrem Körper und in ihren Sinnen, wenn sie nach der Packung griff. Diese hielt auch noch an, wenn sie mit dem Feuerzeug die Zigarette anzündete. Erst beim ersten Zug verging dieses Sehnen und Wünschen. Eines Tages erkannte sie, dass Zigaretten ihr keine innere Ruhe geben, sondern nur den Druck des starken Verlangens lindern konnten.

Ich gab ihr den Rat, so häufig und so lange wie möglich am Tage bewusst zu atmen. Ich ermutigte sie, sich vorzunehmen, erst eine Stunde nach dem Meditieren zu rauchen und, wenn sie das Verlangen überkam, ein Glas Wasser zu trinken, statt eine Zigarette zu rauchen. Mary war stark motiviert. Nach einigen Wochen schrieb sie mir, sie hätte das Rauchen endlich aufgegeben.

Fragen Sie sich:

- *Was kann meine Entscheidung bestärken, eine Gewohnheit aufzugeben?*
- *Was kann sie schwächen?*
- *Was kann ich heute tun, um zu zeigen, dass ich es ernst damit meine?*

Schlechte Angewohnheiten
Schlechte Gewohnheiten lassen sich nur schwer abgewöhnen. Was zählt, ist der tagtägliche Vorsatz, diese abzulegen.

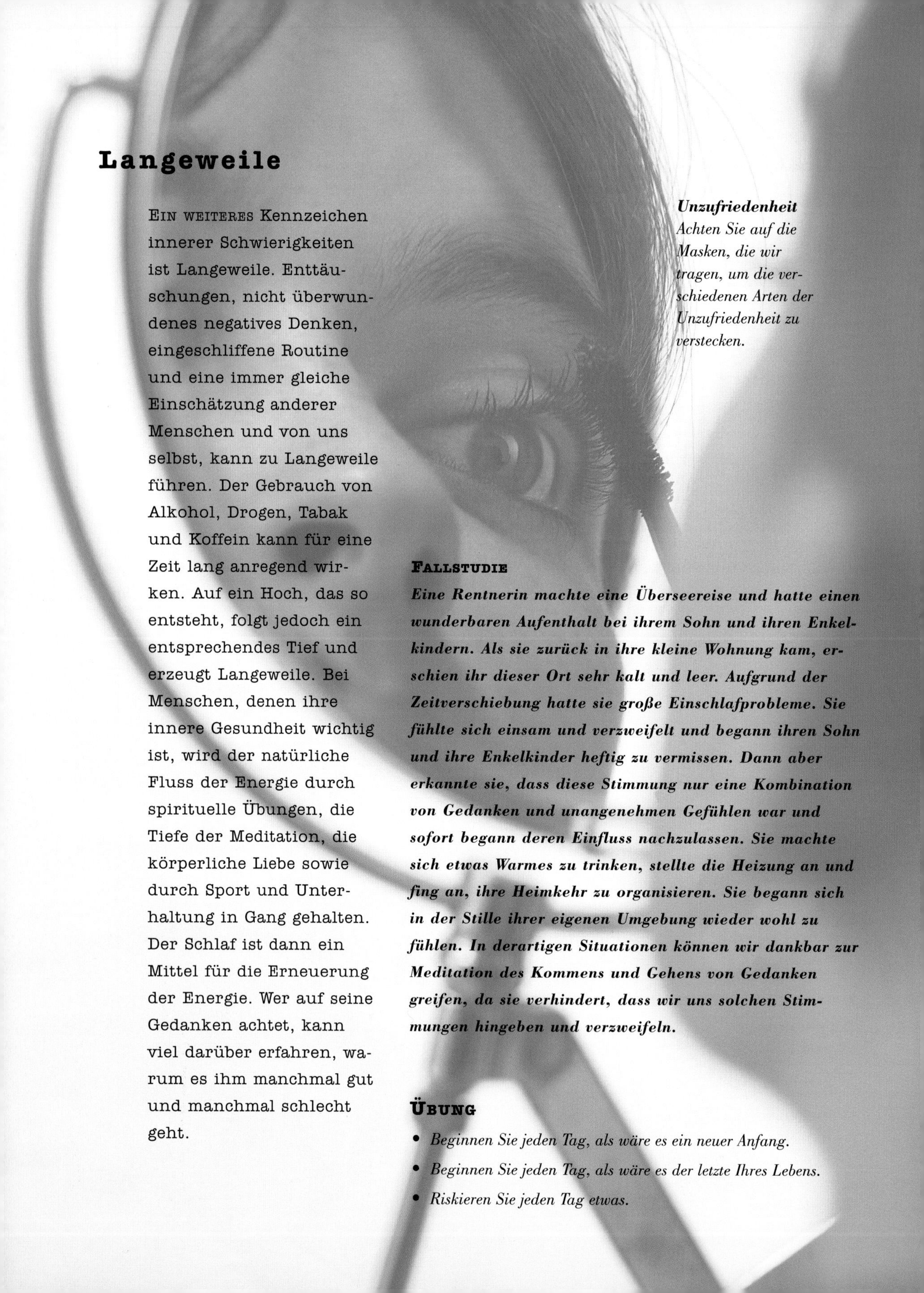

Langeweile

EIN WEITERES Kennzeichen innerer Schwierigkeiten ist Langeweile. Enttäuschungen, nicht überwundenes negatives Denken, eingeschliffene Routine und eine immer gleiche Einschätzung anderer Menschen und von uns selbst, kann zu Langeweile führen. Der Gebrauch von Alkohol, Drogen, Tabak und Koffein kann für eine Zeit lang anregend wirken. Auf ein Hoch, das so entsteht, folgt jedoch ein entsprechendes Tief und erzeugt Langeweile. Bei Menschen, denen ihre innere Gesundheit wichtig ist, wird der natürliche Fluss der Energie durch spirituelle Übungen, die Tiefe der Meditation, die körperliche Liebe sowie durch Sport und Unterhaltung in Gang gehalten. Der Schlaf ist dann ein Mittel für die Erneuerung der Energie. Wer auf seine Gedanken achtet, kann viel darüber erfahren, warum es ihm manchmal gut und manchmal schlecht geht.

Unzufriedenheit
Achten Sie auf die Masken, die wir tragen, um die verschiedenen Arten der Unzufriedenheit zu verstecken.

FALLSTUDIE

Eine Rentnerin machte eine Überseereise und hatte einen wunderbaren Aufenthalt bei ihrem Sohn und ihren Enkelkindern. Als sie zurück in ihre kleine Wohnung kam, erschien ihr dieser Ort sehr kalt und leer. Aufgrund der Zeitverschiebung hatte sie große Einschlafprobleme. Sie fühlte sich einsam und verzweifelt und begann ihren Sohn und ihre Enkelkinder heftig zu vermissen. Dann aber erkannte sie, dass diese Stimmung nur eine Kombination von Gedanken und unangenehmen Gefühlen war und sofort begann deren Einfluss nachzulassen. Sie machte sich etwas Warmes zu trinken, stellte die Heizung an und fing an, ihre Heimkehr zu organisieren. Sie begann sich in der Stille ihrer eigenen Umgebung wieder wohl zu fühlen. In derartigen Situationen können wir dankbar zur Meditation des Kommens und Gehens von Gedanken greifen, da sie verhindert, dass wir uns solchen Stimmungen hingeben und verzweifeln.

ÜBUNG

- *Beginnen Sie jeden Tag, als wäre es ein neuer Anfang.*
- *Beginnen Sie jeden Tag, als wäre es der letzte Ihres Lebens.*
- *Riskieren Sie jeden Tag etwas.*

Ruhelosigkeit

Ein grosser Teil unseres Selbstwertgefühls wird von der Wahrnehmung unseres eigenen Körpers bestimmt. Es ist wichtig, den Alterungsprozess bedingungslos, wie er von Augenblick zu Augenblick stattfindet, zu akzeptieren. Das Meditieren über diese Veränderungsprozesse hält uns davon ab, uns dagegen zu wehren oder sie zu leugnen. Der Körper gehört eher in den Gesamtzusammenhang der Lebensprozesse als in den der eigenen Launen. Eine ruhige und gelassene Einstellung zu unserem Körper zeigt sich in der Fähigkeit, sich dem Prozess des Lebens entspannt zu stellen, ganz gleich, in welchem Lebensabschnitt wir uns gerade befinden. Die Meditation über das Hier und Jetzt verhilft uns zu dieser entspannten Haltung.

Was für ein Verhältnis haben wir zu unserer eigenen Hautfarbe, unserem Geschlecht, zu unserer Größe und unserem Gewicht? Wir können ein verzerrtes und falsches Bild von uns selber entwickeln. Brauchen wir nicht Übung, um einige dieser Interpretationen aufzugeben? Es ist nicht einfach, sich im Spiegel zu betrachten, ohne sich in verschiedenen Selbstansichten zu verfangen. Der Versuch, schön, jugendlich und energiegeladen zu erscheinen, kann später zum Widerstand gegen das Vergehen der Schönheit, das Altern und den Energieverlust führen. Die Fähigkeit, über den Körper zu meditieren, kann viele der Projektionen abbauen, die wir mit unserem äußeren Erscheinungsbild verbinden.

Übung

- *Betrachten Sie Ihren Körper als organisches Leben im Zusammenhang alles Seienden.*
- *Erkennen Sie die wechselseitigen Zusammenhänge von Körper und Geist.*
- *Sprechen Sie die Mantras – Geburt, Altern, Schmerz und Tod –, um dem Kreislauf des Lebens ehrlich gegenüberzustehen.*

Umarmung der Natur
Der Körper ist ein Ausdruck des organischen Lebens.

Ungeduld

FRUSTRATION UND UNGEDULD können sich, wenn wir nicht vorsichtig sind, leicht in Wut verwandeln. Wenn wir uns mehr auf die Ursachen dieser Gefühle als auf ihre Wirkungen konzentrieren, können wir Geduld und Verständnis entwickeln, die für ein erfülltes und glückliches Leben erforderlich sind.

FALLBEISPIEL

Angela, eine alleinerziehende Mutter von zwei Söhnen, war damit völlig ausgelastet. Ihre Frustrationen stauten sich an und wandelten sich von Ungeduld in Wut. Sie hasste sich wegen ihrer Härte gegenüber den Kindern. Angela erkannte, dass andere Faktoren, wie Geldknappheit, fehlende Freizeit und Ordnungsliebe, ihr Verhalten beeinflussten. Sie wusste, sie musste all ihre geistige Energie darauf verwenden, Geduld zu üben. Sie begann tief Luft zu holen, statt ihre Stimme zu erheben. Sie hörte auf ihren Söhnen zu drohen und zeigte ihnen mehr Zuneigung. Es dauerte nicht lange und Angela stellte fest, dass sie sich mit sich selber und natürlich auch mit ihren Söhnen besser fühlte.

Zweifel

ZWEIFEL KANN EIN lähmender Gemütszustand sein. Wir haben eine tolle Idee. Wir sind auch in der Lage, diese umzusetzen, wenn wir die Energie aufbringen, sie bis zu Ende zu verfolgen. Dann fangen wir an Zweifel zu entwickeln, die das ganze Vorhaben untergraben, bis sie schließlich mächtiger sind als die Vision zu Beginn. Wir müssen genügend Konzentration aufbringen, um zu der ursprünglichen Idee zurückzufinden und auf diese zu vertrauen, wenn wir wissen, dass sie gut für uns und andere ist. Zweifel sind dann angebracht, wenn sie uns helfen herauszufinden, ob unser Vorhaben Leiden, Konflikte oder Qualen verursachen können.

Mangel an Selbstwertgefühl

Der Mangel an Selbstwertgefühl ist eines der am meisten verbreiteten persönlichen Probleme in unserer Gesellschaft und befällt unzählige Menschen aus allen gesellschaftlichen Schichten in unterschiedlichem Maße. Mangelndes Selbstbewusstsein oder fehlende Selbstachtung können uns im täglichen Leben verfolgen. Wenn wir uns in diesen Gefühlen verstricken, halten wir uns nie für gut genug. Das führt dann zu ungünstigen Vergleichen mit anderen. Wir betrügen uns selber, wenn wir daran glauben, dass Selbstwert dadurch steigt, dass wir noch mehr arbeiten oder die Zustimmung von anderen, die uns wichtig sind, erreichen.

Selbstwert ergibt sich aus der Würdigung und Anerkennung unserer eigenen Existenz und nicht aus der Einschätzung durch andere. Wir erfahren unseren Wert als Mensch, indem wir unsere Person als in sich ruhend, kreativ und im Leben stehend erleben. Wir lernen, nicht mehr auf die wertende innere Stimme zu hören, die unsere Selbstsicherheit unterhöhlt und uns törichte Gefühle vermittelt. Die harschen Selbsturteile entspringen dem Gefühl des Drucks. Diese Stimme ist das Echo von etwas Vergangenem. Wir lernen sie zu überhören und entwickeln im täglichen Leben Achtsamkeit, Kommunikationsfähigkeit und Aktivität.

Seien Sie verständnisvoll
Kinder sind unordentlich. Das ist normal. Wenn wir diese schlichte Wahrheit vergessen, wird uns alles schnell zu viel.

Der Einfluss von Vorsätzen

Wir haben wahrscheinlich alle schon einmal erlebt, dass wir die allerbesten Vorsätze hatten, aber nicht die Kraft, damit unsere Lebensqualität wirklich zu verbessern. Eine Funktion der Meditation ist es, diese Kluft zu überbrücken. Manche Vorsätze beginnen mit den Worten „Ich muss damit anfangen", „Ich muss damit aufhören", „Ich muss mich ändern". Das sind alles wohl gemeinte Vorsätze, die der Unzufriedenheit entspringen. Unglücklicherweise haben diese Vorsätze nicht die Macht, die Umstände zu verändern, ganz gleich, wie gut sie auch gemeint sind. Doch in unserem Inneren haben wir die Fähigkeit, eine wirkliche Veränderung herbeizuführen. Das ist eine der wunderbaren Kräfte der Meditation. Sie kann innere Verwandlungen hervorbringen, manchmal sogar erstaunlich schnell. Die Meditation verstärkt wohltuende Vorsätze und gibt uns die Fähigkeit, die unnützen aufzugeben. Konzentrierte Aufmerksamkeit sollte vage Intentionen und ein zielloses Denken ersetzen. Immer wieder über die Vergangenheit, die Gegenwart und die Zukunft nachzusinnen verhindert, dass wir inneren Frieden, in welcher Form auch immer, finden können. Furcht und Angst können unsere Vorsätze beherrschen und, durch die Beschäftigung mit unserem Selbstbild und der Zeit absorbiert, uns den Zugang zu einer klaren Einstellung zum täglichen Leben verstellen.

Meditation über das Beobachten der Gedanken

Manche Menschen denken, Ziel der Meditation sei es, alles Denken abzustellen. Das ist ein Missverständnis. Die Meditation ermöglicht es uns, mit dem Fluss der Gedanken bewusst umzugehen. Es ist wohltuend, das Verfangen in Tagträumen und flüchtigen Ideen zu beenden. Nehmen Sie sich die Zeit, die Gedanken zu erkennen, die Ihr Reden und Handeln begleiten. In unserer Meditation üben wir:

- *Sowohl auf die negativen als auch auf die positiven Gedanken zu achten.*
- *Auf den Einfluss von grundsätzlichen Gedankengängen zu achten.*
- *Zu erkennen, dass ein Gedanke nur ein Gedanke ist.*
- *Das Kommen und Gehen der Gedanken wahrzunehmen.*
- *Den Abstand zwischen den Gedanken zu registrieren.*

Wenn Sie den detaillierten Anweisungen in diesem Buch folgen, hilft das, ihren Kopf von überflüssigen Gedanken frei zu machen. Es gibt bestimmte Abfolgen, in denen Gedankenströme fließen, und ein Teil der Meditation ist es, diese Ströme zu beobachten und zu erkennen. Dazu gehört:

- *Der erste Kontakt mit einem Eindruck oder einem Gedanken.*
- *Die Gefühle, die sich aus diesem Kontakt ergeben.*
- *Die Gedanken, die abhängig von diesen Gefühlen aufsteigen.*
- *Intentionen und Sehnsüchte, die aus diesen Gefühlen rühren.*
- *Fixierungen auf diese Intentionen und Sehnsüchte.*

Nach einer Auseinandersetzung können wir die zurückbleibenden Eindrücke weiter in uns tragen, wie den Ärger über die betreffende Person, aber das löst einen ungesunden Strom von Gedanken und Gefühlen aus.

Zu lernen diese Eindrücke nicht weiter mit sich herumzuschleppen, trägt entscheidend zum inneren Frieden bei.

Meditation über Gefühle

Es gibt zwei verbreitete Arten von Menschen:

- *Diejenigen, die sich von ihren Gedanken und Gefühlen überwältigt fühlen. Sie lassen sich schnell entflammen und machen das Leben für sich und andere anstrengend.*
- *Diejenigen, die sich von ihren Gedanken absetzen. Das lässt sich an mangelnder Wärme oder an Distanz zu anderen erkennen. Oder es zeigt sich in einem sehr intellektuellen Auftreten.*

Die folgende Meditation dient beiden Arten von Menschen zur Unterstützung. Bei der folgenden Übung lernen wir, in Kontakt mit unseren Gefühlen zu bleiben und uns weder von ihnen überwältigen zu lassen noch uns von ihnen abzusetzen.

- *Was für Gefühle habe ich jetzt und hier? Sind sie angenehm, unangenehm oder liegen sie dazwischen?*
- *Sind Sie damit zufrieden oder wollen Sie mehr?*
- *Haben Sie den Wunsch, diese Gefühle so zu belassen, sie zu intensivieren oder ihnen zu entrinnen?*
- *Lassen Sie die Gefühle von Glück, Zufriedenheit und Freundschaft zu. Fühlen Sie die Vorzüge einer solchen Erfahrung.*
- *Achten Sie auf starre Ansichten und Meinungen, die sich aus Erregung ergeben.*
- *Machen Sie sich klar, wann Gefühle oberflächlich und wann sie tief sind.*

Aufbrausendes Temperament
Aggressionen sind bei Menschen verbreitet, die keine Kontrolle über ihre Gefühle haben.

Sich an angenehmen Gefühlen festzuklammern, führt zu Verlangen und selbstsüchtigem Streben. Das Klammern an unangenehme Gefühle führt zu Rückzug, Aggression und zu anderen Formen reaktiven Verhaltens. Das Festhalten an indifferenten Gefühlen führt zu Ignoranz und Blindheit. Ein kluger Umgang mit unseren Gefühlen ist das Mittel gegen das Klammern.

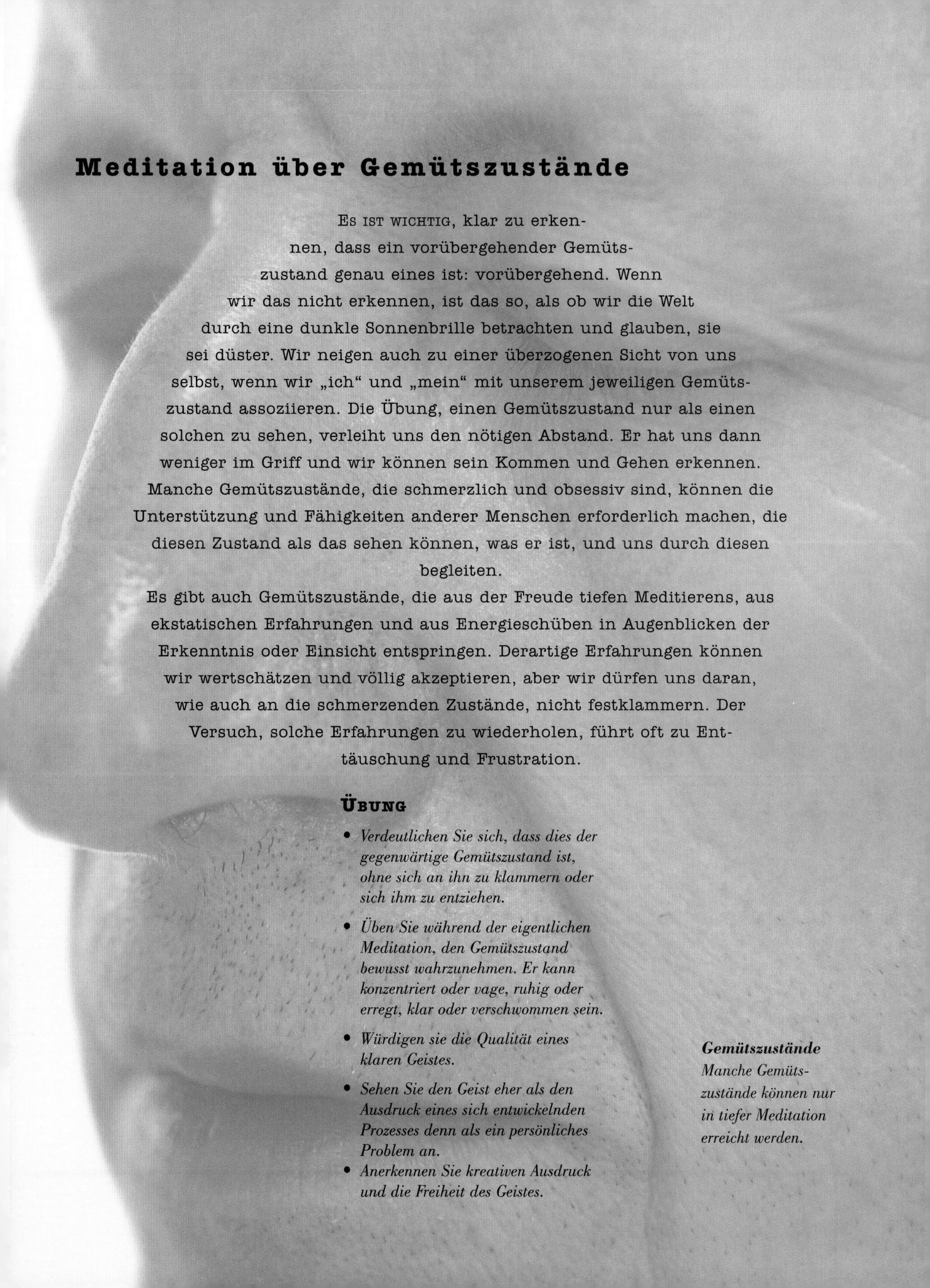

Meditation über Gemütszustände

ES IST WICHTIG, klar zu erkennen, dass ein vorübergehender Gemütszustand genau eines ist: vorübergehend. Wenn wir das nicht erkennen, ist das so, als ob wir die Welt durch eine dunkle Sonnenbrille betrachten und glauben, sie sei düster. Wir neigen auch zu einer überzogenen Sicht von uns selbst, wenn wir „ich“ und „mein“ mit unserem jeweiligen Gemütszustand assoziieren. Die Übung, einen Gemütszustand nur als einen solchen zu sehen, verleiht uns den nötigen Abstand. Er hat uns dann weniger im Griff und wir können sein Kommen und Gehen erkennen. Manche Gemütszustände, die schmerzlich und obsessiv sind, können die Unterstützung und Fähigkeiten anderer Menschen erforderlich machen, die diesen Zustand als das sehen können, was er ist, und uns durch diesen begleiten.

Es gibt auch Gemütszustände, die aus der Freude tiefen Meditierens, aus ekstatischen Erfahrungen und aus Energieschüben in Augenblicken der Erkenntnis oder Einsicht entspringen. Derartige Erfahrungen können wir wertschätzen und völlig akzeptieren, aber wir dürfen uns daran, wie auch an die schmerzenden Zustände, nicht festklammern. Der Versuch, solche Erfahrungen zu wiederholen, führt oft zu Enttäuschung und Frustration.

Übung

- *Verdeutlichen Sie sich, dass dies der gegenwärtige Gemütszustand ist, ohne sich an ihn zu klammern oder sich ihm zu entziehen.*
- *Üben Sie während der eigentlichen Meditation, den Gemütszustand bewusst wahrzunehmen. Er kann konzentriert oder vage, ruhig oder erregt, klar oder verschwommen sein.*
- *Würdigen sie die Qualität eines klaren Geistes.*
- *Sehen Sie den Geist eher als den Ausdruck eines sich entwickelnden Prozesses denn als ein persönliches Problem an.*
- *Anerkennen Sie kreativen Ausdruck und die Freiheit des Geistes.*

Gemütszustände
Manche Gemütszustände können nur in tiefer Meditation erreicht werden.

Kraft und Heilung durch Meditation

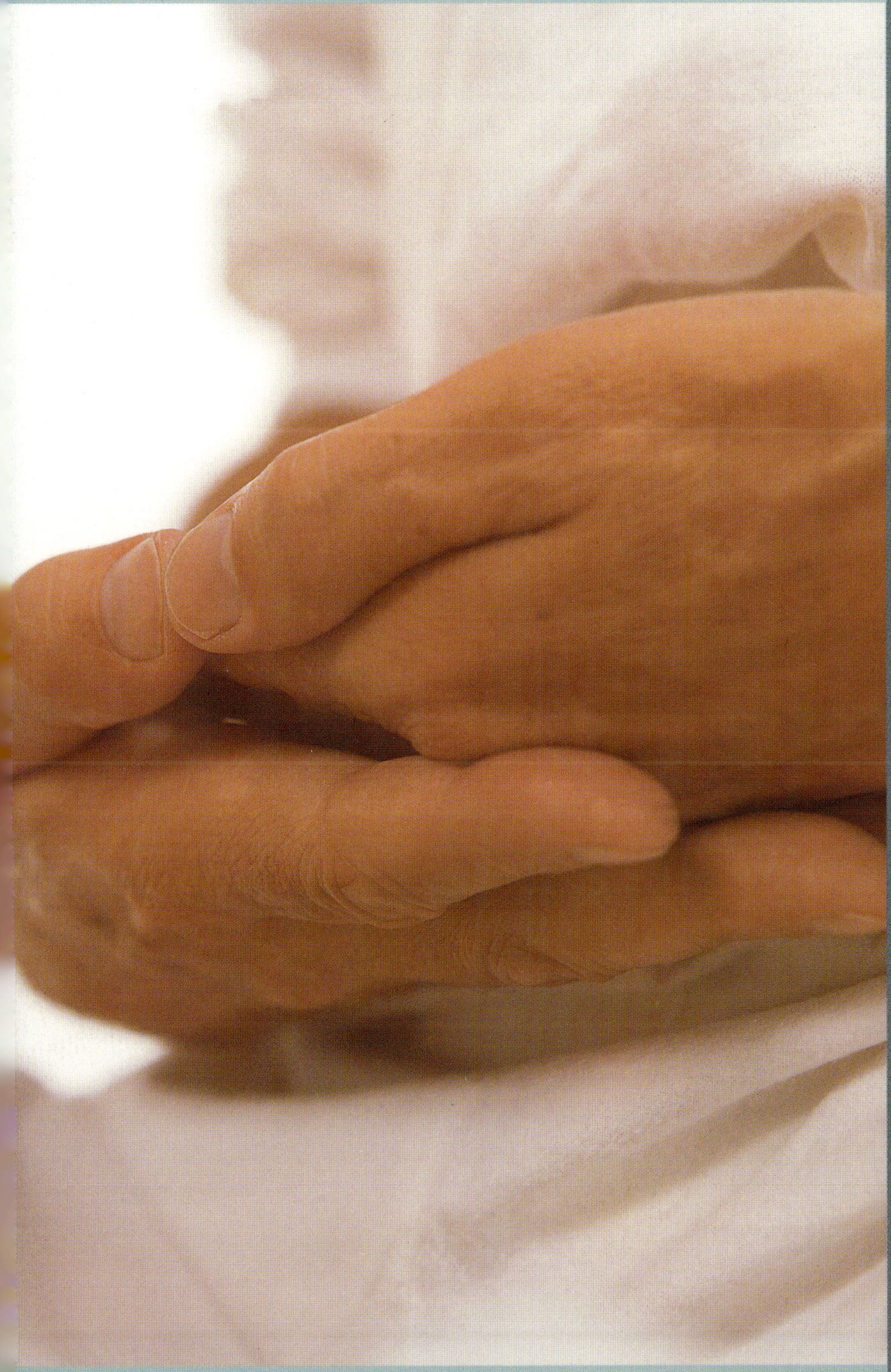

Das „Mudra der Meditation“ wird ausgeführt, indem eine Hand flach auf die andere gelegt wird. Diese Übung drückt Ruhe und Sanftheit aus und hilft den Geist zu festigen.

Das Verhältnis von Körper und Geist

Wissenschaftler und Psychologen haben die Verbindungen zwischen Gehirn, Körper und Immunsystem untersucht. Der ständige Informationsaustausch von Gehirn und Körper beeinflusst Gesundheit und Wohlbefinden von beiden. Meditation öffnet einen direkten Weg, das Verhältnis von Gefühlen, Gedanken und Stimmungen zum Körper und umgekehrt zu erfahren.

Geist und Körper beeinflussen einander vielfältig. Es ist erwiesen, dass der Konsum von Alkohol, Drogen, Zigaretten und anderer Betäubungsmitteln die Kommunikation von Gehirn und Körper stört. Ungesunde Stimmungen wie Ärger, Sorgen und Einsamkeit wirken sich auf Organe und Körperzellen aus und können so leicht Schlaf, Ernährung oder Arbeit und das Verhältnis zu unserem Körper beeinflussen.

Die Meditation für Geist und Körper beinhaltet auch das Erfassen der Unterschiede von beiden und den Einfluss unserer Gefühle auf sie. Gefühle kommen und gehen in Wellen und können angenehm oder schmerzhaft sein. Beispielsweise werden wir rot, wenn uns jemand aus der Fassung bringt. Wenn wir lachen, durchzieht ein Wärmegefühl den Körper.

Sollte es Wissenschaftlern tatsächlich gelingen alle genetisch bedingten Krankheitsanfälligkeiten zu entschlüsseln, wird uns das wohl kaum mehr Ruhe verschaffen oder unsere Fähigkeit vernünftige Entscheidungen zu treffen verbessern.

Meditation ist eine wichtige stabilisierende Hilfe, je mehr wir über uns und unsere Umwelt erfahren.

Geist und Körper
Geist und Körper beeinflussen sich gegenseitig und somit auch das Wohlbefinden. Regelmäßiges Meditieren stabilisiert diesen Prozess.

Persönliche Beziehungen

ROUTINE KANN SICH schädigend auf eine Beziehung auswirken. Häufig vergessen wir, dass die Qualität der gemeinsam verbrachten Zeit wichtiger ist als die Quantität. Das bedeutet, dass wir in Beziehungen auch aufeinander zugehen müssen, Liebe und Verständnis zeigen und nicht nur Gewohnheiten pflegen sollten. Wenn man einander verletzende Dinge sagt, kann sich das tief in die Seele eingraben und zu einem Vertrauensverlust führen. In einem solchen Fall sollte sich die Meditation auf die Gegenwart konzentrieren. Denn wenn wir in der Vergangenheit verweilen, verbauen wir uns die Hoffnung auf Erneuerung.

Das gilt für Situationen, in denen Eltern und Kinder, enge Verwandte und andere freundschaftliche oder berufliche Beziehungen betroffen sind. Wir müssen lernen die Verbindung zum Hier und Jetzt herzustellen. Die Vergangenheit dient dem Lernen, Verstehen und Reflektieren, nicht aber als Waffe gegen andere oder uns selbst.

Es kann vorkommen, dass persönliche Probleme uns überwältigen, sodass wir uns nicht mehr konzentrieren und meditieren können. In einer solchen Zeit ist es wichtig, wieder zu regelmäßiger Meditation zurückzufinden. Wenn die nahe oder ferne Vergangenheit schonungslos Druck auf uns ausübt, können Rat, Therapie oder Einfühlungsvermögen eines verlässlichen und ehrlichen Freundes helfen. An der Vergangenheit zu arbeiten erfordert ein Öffnen. Haben wir zum Beispiel in einer Beziehung Verlust und Enttäuschung erfahren, können wir nach der Aussprache mit Hilfe von Meditation wieder die Verbindung zur Welt und zum Leben herstellen. Bewusstheit, Meditation, Übung, Gleichmut und Akzeptieren können die Zeitspanne zwischen Enttäuschungen und der freudigen Erwartung neuer Herausforderungen in unserem Leben verkürzen.

Meditation des Körpers

Wer in der Meditation des Atmens bereits erfahren ist, kann sich der Meditation des Körpers zuwenden. Diese Übung kann sitzend, gehend, stehend oder liegend (siehe Kapitel 2) ausgeübt werden. Selbst wenn wir nicht an unseren Körper denken, ist er doch stets präsent.

Übung

1 Konzentrieren Sie sich langsam und nacheinander auf einzelne Teile des Körpers. Fangen Sie beim Kopf an und gehen Sie durch den ganzen Körper bis zu den Füßen, dann wieder zurück zum Kopf.

2 Konzentrieren Sie sich auf Ihren Kopf und vergegenwärtigen Sie sich die verschiedenen Sinneseindrücke auf Gesicht, Nacken und vor allem den Hals. Lassen Sie die Konzentration auf der vorderen Körperseite von der Brust nach unten zu den Genitalien, dann auf der Rückseite von den Schultern zum Gesäß, schließlich die Arme entlang zu den Fingerspitzen und danach die Beine hinab zu den Zehen wandern.

3 Während dieser Wanderung nehmen wir Wärme, Vibrationen und Spannungen wahr, manchmal spüren wir aber auch nichts. Trotzdem sollte die Konzentration gehalten und die Übung Schritt für Schritt ausgeführt werden. Die Kraft unserer Aufmerksamkeit löst Spannungen und Schmerzen und vermindert körperliche Unruhe. Sie lässt uns Reaktionen vergessen und verbindet uns eng mit der Erde.

4 Die Dauer der Meditation kann variieren. Manche nehmen sich zehn, andere 20 Minuten Zeit. Wenn sie anfangs vom Kopf bis zu den Zehen eine halbe Stunde oder länger brauchen, nehmen Sie sich einfach die Zeit. Durch regelmäßige Übung werden Sie die Schmerz- und Verspannungspunkte im Körper erkennen. Entspannt können wir unser Bewusstsein in diese Bereiche senden und dadurch Schwingungen und Sinneseindrücke ändern. In der Meditation lernen wir unseren Körper mit Schmerzen, Krankheit und Altern zu akzeptieren.

An Schmerzen arbeiten

Körperliche Schmerzen können von aktuellen oder gewesenen Verletzungen herrühren, von genetisch bedingten oder vererbbaren Krankheiten. Unachtsamkeit kann Schmerzen verursachen, zum Beispiel durch Überanstrengung. Durch Meditation lernt man sowohl die Grenzen als auch das Zentrum des Schmerzes kennen und letztlich den Schmerz akzeptieren. Wir ergründen das Kommen und Gehen der Gefühle und unsere jeweiligen Reaktionen darauf.

Manchmal verspannt sich ein Teil des Körpers. Der Geist versucht sich gegen diese Schmerzen zu wehren oder ihnen zu entfliehen. Wenn die Schmerzen zu groß werden, kann die Körperhaltung für einige Minuten geändert werden. Danach können wir womöglich wie zuvor weitermachen. Bei dieser Übung soll nicht unser Durchhaltevermögen getestet werden.

Mit der Zeit erweitert sich unser Erfahrungshorizont und wir lernen unsere Schmerzen besser kennen. Wir wissen, wann wir uns bewegen, wann und wie wir mit der Arbeit am Schmerz fortfahren können. Wie auch immer, mit dem Körper soll behutsam umgegangen werden, denn nicht die Willenskraft ist entscheidend.

Beim Zahnarzt lehne ich eine Spritze gegen Schmerzen ab. (Bei einer Wurzelbehandlung würde ich vielleicht anders denken!) Ich atme durch die Nase ein und entspanne mich beim Ausatmen. Ich

Schmerzen
Schmerzen standhaft zu ertragen, ist ein sehr große Herausforderung.

konzentriere mich auf andere Körperteile, besonders den Bauch und das Zwerchfell. Dies lässt mich jede Verspannung aufgrund von Schmerzen erkennen und mich beim Ausatmen immer entspannen.

Diese einfache Übung hilft uns die Zusammensetzung alles organischen Seins schrittweise zu erfahren. Indem wir uns in die Meditation vertiefen, reagieren wir weniger auf unseren Körper, den wir trotzdem achtsam behandeln. Wir verstehen seine Vorzüge und Grenzen und kümmern uns jeden Tag fürsorglich um ihn. Wir verstehen die Veränderungen, die der Körper in unterschiedlichen Lebensabschnitten durchläuft. Geistige Einsicht und körperliche Veränderung gehen Hand in Hand und sinnvoll miteinander um. Durch regelmäßige Meditation des Körpers kann diese Einsicht erlangt werden.

Nach tradierten fernöstlichen Vorstellungen besteht der Körper aus den Elementen: Erde, Luft, Feuer und Wasser. Anders gesagt aus Härte, Bewegung, Temperatur und Zusammenhalt. Indem wir die Meditation des Körpers vertiefen, erfahren wir:

Erde
Konzentration auf den Knochenbau

Luft
Konzentration auf die Atmung

Feuer
Konzentration auf die Körperwärme

Wasser
Konzentration auf Blut, Schweiß, Tränen und Speichel

Visualisierende Meditation

Diese Meditation erfordert Ihre Vorstellungskraft. Stellen Sie sich ein Bild vor, welches Sie im Herzen tief berührt und heilende Kräfte aktiviert. Durch geistige Bilder können wir den Weg zu Andacht, Freude, völliger Versunkenheit und zu einem Heilen von Herz, Geist und Körper finden.

- Wir können uns ein Symbol vor unser geistiges Auge rufen: der Stern Davids, das Kreuz des Christentums, das Yin-Yang-Zeichen des Taoismus oder das Rad der Wiedergeburt der buddhistischen Lehre. Über Jahrhunderte hinweg wurden diese Symbole in der Meditation verwendet, um uns bei religiösen oder geistigen Erfahrungen zu unterstützen. Ein buddhistischer Abt meditierte einst über das Kreuz, das bekannteste Symbol der christlichen Lehre. Dabei erkannte er, dass die Form des Kreuzes auch das Streichen des „I“ch, das Ende des Egos, symbolisieren kann. Er fand eine neue Dimension in der Botschaft der Liebe und Freiheit, die Jesus den Menschen brachte.

- Sie können sich auch ein Symbol aus der Natur vorstellen. Konzentrieren Sie sich auf eine Pflanze, einen Baum, einen See oder eine schöne Landschaft und schließen Sie die Augen. Lassen Sie nun vor ihrem geistigen Auge die Szenerie erstehen. In Gedanken kann das Bild mit Farben und angenehmen Gefühlen ausgeschmückt werden. Auch die Erde kann in der Meditation visualisiert werden. Menschen, die Gaia, die lebende Erde, lieben, erkennen die Welt als Zusammenspiel von Mensch, Tier und Umwelt. Die Welt als Einheit zu sehen verschafft uns große Offenheit. Eine solche Betrachtung lässt die Grenzen zwischen Nationen und Kulturen verschwimmen.

Mantra-Meditation

Es gibt zwei Arten der Mantra-Meditation. Beide verhelfen zu einem tiefen Gefühl von innerem Frieden und Zufriedenheit.

- Das eine Mantra enthält ein Element der Hingabe. Zum Beispiel kann der Name unseres höheren Wesens wiederholt werden. Mantra kann „Halleluja“, „Ehre sei Gott“, „Gepriesen sei Allah“, „Hare Krishna“, „Buddha“ oder „Jesus des Herzens“ sein. Ziel dieser täglichen Übung ist es, nicht mehr ausschließlich von Gedanken an uns selbst in Anspruch genommen zu werden.

  Das andere Mantra bringt Ruhe und Stabilität. Das Mantra kann lauten: „Hier und Jetzt“, „Ein Schritt auf einmal“, „Liebe“, „Sei achtsam“ oder „Freund aller“. Das Mantra kann 108-mal aufgesagt werden (diese Zahl steht in fernöstlichen Traditionen für Unendlichkeit).

Heilung von körperlichem und sexuellem Missbrauch

Um sich vom Trauma eines körperlichen oder sexuellen Missbrauchs zu erholen, muss der daraus hervorgegangene Schmerz erst vollständig erkannt und akzeptiert sein. Beim Heilungsprozess kann Meditation helfen.

Fallbeispiel

In einem Meditationszentrum kam eine Frau zu mir und erzählte weinend, wie sie als Kind von ihrem Onkel sexuell missbraucht worden war. Sie war sehr wütend auf ihn. In der Meditation erkannte sie, wie dieses Ereignis ihr Verhältnis zu Männern beeinflusste und dass sie Angst vor Geschlechtsverkehr hatte.

Ich erzählte ihr von Möglichkeiten, sich selbst zu heilen. Solange sie es für notwendig erachtete, brauchte die Frau ein offenes Gespräch mit einer Person, der sie vertraute, über ihre vergangenen und derzeitigen Erfahrungen. In der heilenden Meditation lernte sie Wärme, Liebe, Energie und Akzeptanz in ihren Unterleib und alle sexuell wichtigen Bereiche des Körpers zu lenken. Dazu saß sie entspannt in einer bequemen Haltung.

Übung

1 Fühlen Sie die Gegenwart des Körpers, ohne etwas von ihm zu fordern oder ihn zu belasten.

2 Konzentrieren Sie sich auf den Unterleib.

3 Nähern Sie sich langsam der sensiblen Stelle.

4 Verweilen Sie einige Augenblicke mit Ihrer Aufmerksamkeit im sensiblen Bereich.

Wiederholen Sie diese (oder ähnliche) Worte:

Möge dieser Bereich geheilt werden.

Möge dieser Bereich frei von Einwirkungen der Vergangenheit sein.

Möge hier Glück und Wohlgefühl weilen.

Möge alles Leiden, das mit dem Unterleib zusammenhängt, sich auflösen.

Möge Zufriedenheit und Friede diesen Bereich erfüllen.

Möge mein Herz sich der Wärme und Liebe für andere öffnen.

Möge ich von der Reaktion auf den Missbraucher befreit sein.

Möge ich Wärme und Liebe für andere entwickeln.

Möge dieser Heilungsprozess erfolgreich sein.

Täglich praktizierte die junge Frau diese heilende Meditation und spürte allmählich weniger Schmerz, weniger negative Gefühle und weniger Angst. Sie war bereit, an diesem sensiblen Bereich ihres Lebens zu arbeiten. Überkamen sie Tränen oder Wut, unterbrach sie diese meditative Übung, fuhr aber mit dem Meditieren fort. Später schrieb sie mir, sie habe nun die Kraft gefunden, ihrem Onkel zu schreiben, um ihm mitzuteilen, was sie durchgemacht habe. Sie wollte ihn treffen und mit ihm reden, um zu verstehen, wie er so etwas hatte tun können. Er weigerte sich, sie zu sehen, obwohl sie meinte, dass sie nicht mehr verletzt oder verärgert sei. Die junge Frau sagte mir, sie verstehe intuitiv, dass er seiner Vergangenheit nicht ins Auge sehen könne. „Seine Antwort war noch etwas, das ich akzeptieren musste", meinte sie.

8 Führen Sie die Aufmerksamkeit ins Zentrum des Schmerzes, der Verletzungen. Lenken Sie Wärme und Licht immer und immer wieder in diesen Bereich.

7 Erkennen Sie, wie das vergangene Leid ein erfülltes Leben verhindert hat.

6 Machen Sie sich die Auswirkungen bewusst.

5 Vergegenwärtigen Sie sich die gewesenen Verletzungen. Beachten Sie die Entstehung und Entwicklung des Schmerzes.

Im Leben werden wir auch völlig unvermittelt mit bedrohlichen Situationen konfrontiert. Droht Gefahr, wird vom Gehirn Adrenalin, ein Hormon, ausgestoßen, das den gesamten Organismus auf die Abwehr vorbereiten. Dies lässt uns hellwach und völlig bewusst das Problem ins Auge fassen. Natürlich birgt das Leben häufig Überraschungen für uns.

Eine lebensbedrohliche Krankheit

Fallstudie

Ein junger Mann kam völlig verzweifelt ins Meditationszentrum. Er hatte soeben erfahren, dass er HIV-positiv sei, was sein geregeltes Leben völlig aus der Bahn warf. Er hatte Angst vor der Zukunft und davor, es Eltern und Freunden zu sagen. Selbstzweifel und Verwirrung hielten ihn sogar davor ab, die Mediationshalle zu betreten. In einem Gespräch sagte er: „Ich wünschte, ich wäre religiös. Würde ich an Gott glauben, wäre alles viel einfacher." Ich antwortete ihm: „Für dich ist dein Atem Gott. Der Kontakt zu deinem Atem ist die Verbindung zu ihm. Aus dieser Quelle kannst du die Kraft schöpfen, um Geist und Körper zu festigen und die bedrückenden Gefühle und Gedanken abzuweisen."

Später lehrte ich ihn eine Herz-Meditation. Er musste eine Verbindung zu dem Virus herstellen, denn sonst würden die Konflikte mit dem Virus zu Spannungen und Angstzuständen führen, die sein Immunsystem schwächen

könnten. Der junge Mann musste lernen, mit seinem Virus zu leben, sogar es zu akzeptieren, damit er sich nicht mehr bedroht fühlte. Er fing mit der Meditation liebevoller Güte an, bei der er freundliche Gefühle bewusst auf den Virus richtete. Er gab ihm auch einen Namen, da er sich dann weniger bedroht fühlte. Glücklicher und mit wachsendem Selbstbewusstsein verließ er dann das Zentrum.

Angst und Sorge
Mit Hilfe von Meditation können Ängste und Sorgen, die durch lebensbedrohliche Krankheiten hervorgerufen wurden, bewältigt werden.

20 Meditationen für jeden Tag

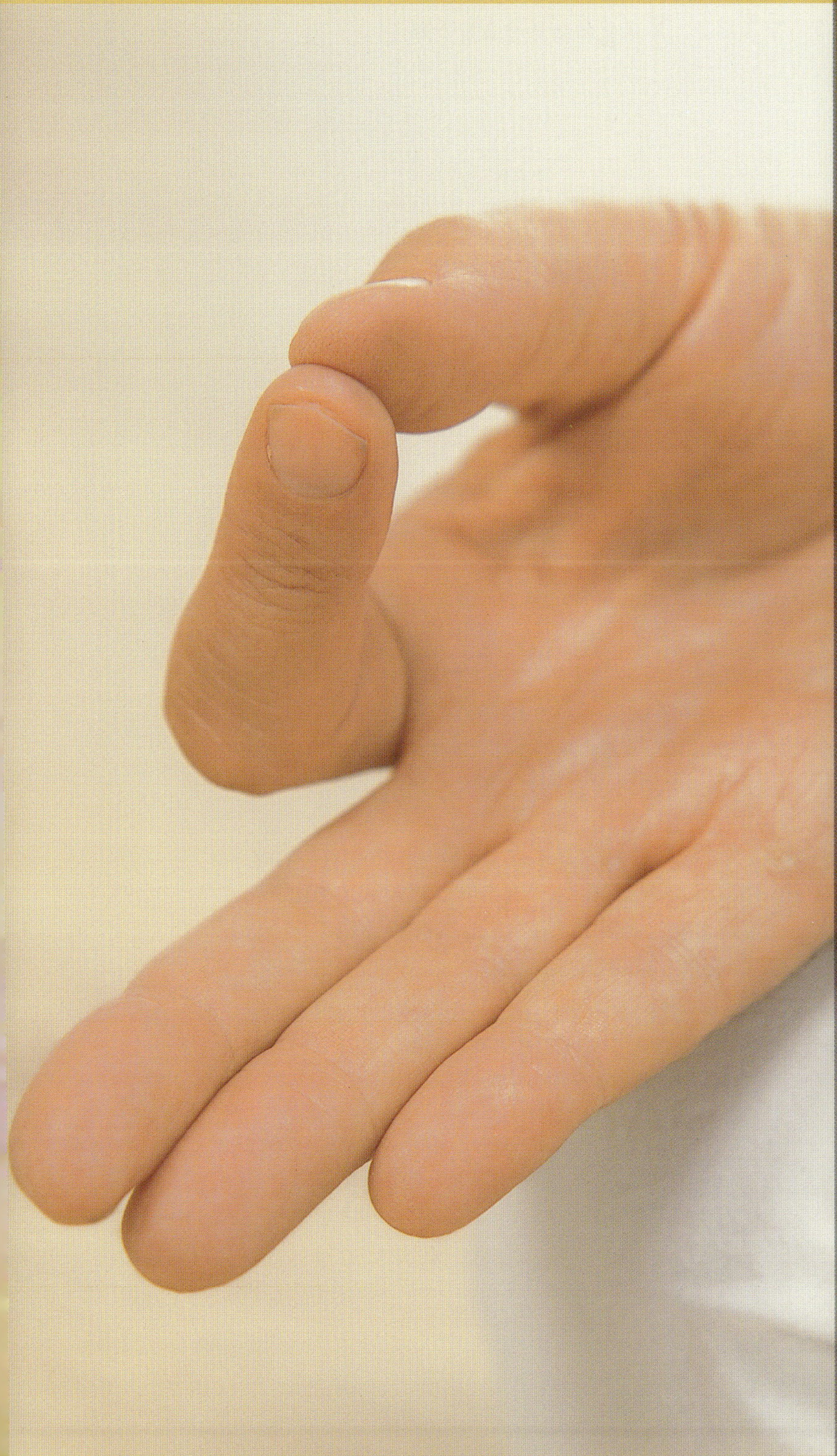

Das „Mudra der Verbindung“ wird ausgeführt, indem Daumen und Zeigefinger zusammengeführt werden. Es bedeutet, dass alle Dinge miteinander verbunden sind; alles fügt sich zu einem Ganzen.

Meditation der vier Tageszeiten

Alle vier Tagesabschnitte sind gleich wichtig und dennoch können sie leicht aus der Balance geraten. Leicht sagt es sich: „Am Morgen bin ich immer mutlos“ oder „Am Abend habe ich keine Energie mehr“. Solche Ansichten stellen sich rasch ein, vor allem, wenn man sich seiner innerer Einstellungen zu den Tageszeiten nicht bewusst ist. Durch Übung ist es möglich, Energie zu entwickeln oder zu bewahren, und so jeden Tag als ausgefüllt, ausgewogen und abgerundet zu erfahren. Wer dieses Gleichgewicht gefunden hat, kann die Übergänge zwischen Phasen von Leistungskraft und Leistungsschwäche verkürzen. Das Frühstück mit dem Partner und Geschäftstermine erhalten dann die gleiche Aufmerksamkeit. Unser Leistungsgrad bestimmt auch unsere geistige Verfassung. Übervoll mit Energie können wir unvernünftige, auf längere Zeit kostspielige Entscheidungen treffen. Sind wir energielos, fühlen wir uns schnell angegriffen. Schon ein hartes Wort kann dazu führen, dass wir verletzt überreagieren.

Auch in einer Phase ohne Energie kann es leicht geschehen, dass wir unbedacht handeln und dadurch Fehler machen. Wer mit Hilfe von Übungen die vier Tagesabschnitte miteinander verknüpfen lernt, kann die Herausforderungen eines neuen Tages voller Liebe und Aufgeschlossenheit annehmen. Unser Leben, so scheint es, ist dann nicht mehr so stark in eine Routine gezwängt.

1 *Aufwachen bis Frühstück*

2 *Frühstück bis Mittagessen*

3 *Mittagessen bis Abendessen*

4 *Abendessen bis Einschlafen*

Meditation beim Teetrinken

Es gibt in der Zen-Tradition eine besondere Teezeremonie. Aus etwas Einfachem wird hier etwas Außergewöhnliches, indem auch dem kleinsten Handgriff besondere Aufmerksamkeit geschenkt wird. Unsere Sinne werden der Reihe nach angesprochen. Jede Wahrnehmung ist für sich ein Augenblick der Meditation. Ausführen kann man die Zeremonie alleine oder mit anderen.

1 In einen Wasserkessel ausreichend Wasser gießen und auf dem Herd erhitzen. Beobachten Sie das Aufsteigen der Wärme. Sitzen Sie hierfür still und hören Sie, wie das Wasser sich erwärmt. Mit etwas heißem Wasser die Teekanne ausspülen. Eine entsprechende Menge Tee zugeben und die Kanne mit dem restlichem Wasser auffüllen. Das Ganze nach 3 bis 4 Minuten umrühren, die Teeblätter entfernen und die erste Tasse achtsam eingießen. Riechen Sie das vom Tee aufsteigende Aroma.

2 Führen Sie die Teetasse zum Mund und nehmen Sie achtsam einen Schluck. Ruhe und respektvolle Achtsamkeit verwandeln das Teetrinken in eine Meditation. Wahren Sie das Schweigen bis nach dem Abwasch der Teekanne. Erkennen Sie Beginn, Mitte und Ende der Zeremonie dankbar an. Die Achtsamkeit beim Teetrinken trägt zur Erleuchtung bei.

Licht-Meditation

Mit Hilfe dieser Meditation können Launenhaftigkeit und Niedergeschlagenheit vertrieben werden, indem das Licht besser wahrgenommen und geschätzt wird.

- Sitzen Sie mit geradem Rücken aufrecht.
- Halten Sie die Augen offen und nehmen Sie das Licht bewusst auf.
- Lassen Sie das Licht durch die Augen in Ihr Innerstes fließen.
- Halten Sie die Augen offen, blinzeln Sie nur, falls notwendig. Sitzen Sie still.
- Schließen Sie die Augen und sehen Sie das Licht in Ihrem Inneren.

Nirgendwohin-gehen-Meditation

Wir warten häufig auf den Bus, den Zug, das Flugzeug oder stehen im Stau. Wir empfinden die Fahrt zur Arbeit und nach Hause anstrengend. Dabei vergessen wir, dass auch unsere innere Einstellung uns Kraft kostet. Wenn wir von der Idee ablassen, dass wir irgendwohin gelangen müssen, und stattdessen akzeptieren, dass wir nirgendwohin können, ändert sich auch unsere Haltung zum Warten. Wohin auch immer wir gehen, dort werden wir sein. Der Himmel ist über uns, die Erde unter uns. Bei dieser Meditation werden wir uns des Lebens im Hier und Jetzt bewusst. Wir fühlen die Gegenwart unseres Geistes, unseres Körpers und unserer Umgebung. Diese Meditation schärft den Geist, unterstützt die Körperzellen und setzt Energie frei. Statt erschöpft fühlen wir uns auf dem Weg zu einer Verabredung erfrischt.

Wiederholen Sie folgende Worte: Wir müssen nirgendwo hin. Das ist alles. Lassen Sie dann die Worte in Gedanken los und erfahren Sie die Wahrheit dieser Aussage.

Natur-Meditation

Im Einklang mit Gärten, Wäldern, Wiesen, Bergen, sanften Hügeln, dem Meer und dem Himmel entspannt das ganze Sein. Wir werden der Wunder des Lebens und unseres Platzes in der uns umgebenden Welt gewahr. Wir erfahren sinnlich die Farben, die Geräusche und die Temperatur der Natur, ohne uns in Gedanken und Fantasien zu verlieren. Umfassende Achtsamkeit lässt uns die vielfältigen Erscheinungsformen der Natur wahrnehmen. Wir fühlen uns als Teil des gesamten Lebens. Wer seine Achtsamkeit schult, erkennt die wahren Zusammenhänge, in denen wir in der Welt stehen.

Hier-und-Jetzt-Meditation

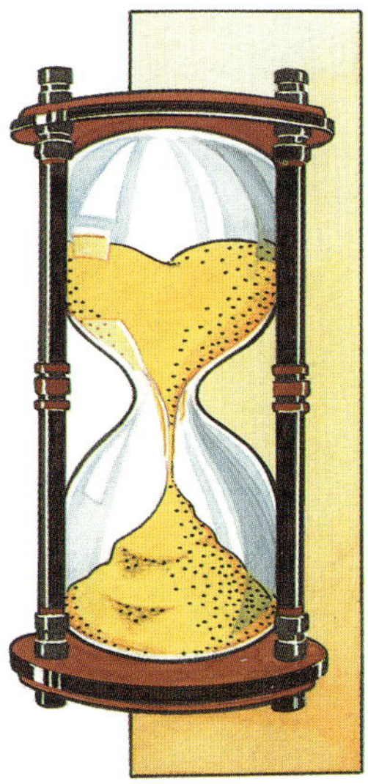

Wir tun uns einen großen Gefallen, wenn wir im Hier und Jetzt leben. Wir sollten von Gedanken an die Zukunft oder die Vergangenheit ablassen und uns ganz dem gegenwärtigen Augenblick widmen. Jeder Augenblick ist ein neuer Augenblick und verdient unsere volle Aufmerksamkeit. Statt in das Rennen der Zeit eingespannt zu sein, erwacht das Bewusstsein für das Neue, das sich von Moment zu Moment vor uns auftut. Durch achtsames Sehen, Hören, Riechen, Schmecken, Fühlen und Wahrnehmen unserer momentanen gefühlsmäßigen oder geistigen Verfassung verstärken wir unsere Wahrnehmung des Hier und Jetzt.

Anerkennende Meditation

Anerkennende Meditation ist vor allem für Menschen geeignet, deren Gedanken beim Meditieren häufig abschweifen. Manchmal ist es wichtig, die geistige Verfassung oder den Gang eines Gedanken zu beachten. Wer viel über die Vergangenheit nachdenkt, kann „Erinnerung, Erinnerung" zu sich sagen. Wer Zukünftiges plant, „Zukunft, Zukunft" oder „Planung, Planung". Solch ein Anerkennen hilft, die Verbindung zu gegenwärtigen Geschehnissen zu bewahren. Wenn wir unsere Aufmerksamkeit auf die Gegenwart lenken, können wir „Sitzen, Sitzen" oder „Hier und Jetzt sein" denken. Dadurch gewinnen wir Klarheit, statt uns in Gedanken zu verlieren. Die gleiche Methode können wir auch auf Gemütsverfassungen anwenden und so auch Langeweile oder Rastlosigkeit anerkennen. Haben wir, was auch immer, in Gedanken anerkannt, lenken wir unsere Aufmerksamkeit wieder auf das Thema unserer Meditation zurück. Die Form der anerkennenden Meditation lässt uns scharf und klar denken und schnell zum ursprünglichen Meditationsgegenstand zurückkehren.

Konzentrierende Meditation

Energie gewinnt das Gehirn aus der Fähigkeit zu Konzentration und mag diese auch noch so kurz sein. Sehen Sie sich einen Sprinter vor dem Rennen an: Der Blick starr geradeaus gerichtet und der Körper bewegungslos – wie die Haltung eines Meditierenden. Manche konzentrieren sich bei geschlossenen Augen auf die vor ihnen liegende Aufgabe. Das eigene Ich und das zu erreichende Ziel nähern sich einander an. Körperliche und geistige Energie verbinden sich für die bevorstehende Aufgabe. Doch müssen wir achtsam bleiben. Unvernünftiger Ehrgeiz bringt nur Enttäuschung und Ärger. Wer zu viel von sich und anderen verlangt, schafft sich Probleme. Doch wer sich selbst kennt und klar bleibt, weiß, wie weit er gehen kann. Bei der Übung konzentrieren wir uns auf etwas, das wir sehen. Die Augen bleiben ruhig.

Tanz-Meditation

Das Leben an sich ist Anlass genug für umfassende Freude, obgleich wir das häufig vergessen. Der Tanz eignet sich hervorragend zum Ausdruck solcher Freude. Im Tanz offenbart sich das Wunderbare, das Glück und das Mysterium des Lebens. Die fließenden Abläufe stellen unser Ego zurück – Rhythmus und Fluß der Bewegungen bestimmen den Tanz. Der Tänzer reflektiert nicht, die tänzerische Bewegung nimmt ihn völlig ein. Wir tanzen vor Gott, dem Leben und um das Einssein mit dem Tanz des Lebens auszudrücken. Eine Anleitung gibt es dafür nicht und auch keinen bestimmten Ort. Wir tanzen nicht um zu beeindrucken, sondern um Freude, Liebe und ekstatische Harmonie mit allen Dingen auszudrücken. Tanzen Sie!

Meditation der Hingabe

Die Körperhaltung und den Geist zu kultivieren trägt zu Achtsamkeit, Hingabe und Selbstaufgabe bei. Wir können auf einem Stuhl oder mit gekreuzten Beinen auf dem Boden sitzen, eine Hand auf jedem Knie, die Handflächen zeigen nach oben. Mit geschlossenen Augen praktizieren wir das innere Lächeln. Entspannen Sie zunächst die Gesichtsmuskeln und nach und nach den ganzen Körper bis zu den Zehen. Dann durchzieht das Lächeln den Körper vom Kopf bis zu den Zehen. So schaffen wir bis in unsere innersten Körperteile hinein vollkommene Entspannung, die uns völlige Selbstaufgabe ermöglicht. Unser Sein wird eins mit der Natur der Dinge. Zunächst mag uns diese Meditation oberflächlich erscheinen. Das ändert sich, wenn wir sie immer wieder praktizieren und weiterentwickeln. Wir werden dann erkennen, dass unser Leben nicht uns, sondern in den Zusammenhang alles Seienden gehört.

Bei der Meditation im Gehen ruht die eine Handfläche auf dem Bauch und die andere darüber. Wir gehen langsam und geben uns in jedem Augenblick völlig dem Schreiten hin. Die Meditation der Hingabe ist ein wichtiger Beitrag zu unserer Erleuchtung.

Fasten-Meditation

Es ist hinlänglich bekannt, dass Yogis oder Heilige im Rahmen ihrer Meditation lange Fastenzeiten auf sich nehmen. Gesünder ist es, einmal die Woche sechs bis zwölf Stunden mit Wasser zu fasten. Fasten kann auch bedeuten, eine Zeitlang auf ein bestimmtes Lebensmittel, wie Kekse oder Schokolade, zu verzichten. Wie auch immer, Fasten ist sowohl Disziplin wie auch Wohltat für Körper und Geist. Ohne kundige Anleitung sollte nicht länger als 48 Stunden völlig oder nur mit Wasser gefastet werden. Manche Menschen fasten mehrere Tage, da sie meinen, dass Fasten und Meditation zusammengehören. Dies kann anschließend leicht in ein anderes Extrem, in übermäßiges Essen, umschlagen. Wie bei vielem ist auch hier der Mittelweg, die Mäßigung, das Maß der Dinge. Wer unraffinierte, nahrhafte, leicht verdauliche Speisen maßvoll zu sich nimmt, trägt zu seinem inneren Gleichgewicht und seiner Zufriedenheit bei.

Blumen-Meditation

Blumen zählen zu den schönsten Geschenken der Natur. Mit ihrer Pracht erfreuen Sie uns im Haus, im Garten oder in der unberührten Landschaft. Versierte Blumenliebhaber kennen nicht nur die Namen, sondern auch die typischen Merkmale und Blühzeiten. Wer Blumen wahrhaft schätzt, für den werden sie zur Meditation. So wie die Blumen still stehen oder sich sacht im Wind neigen, so sollten auch wir stehen oder sitzen, um im Einklang mit Blumen zu sein.

Für die Blumenmeditation betrachten Sie liebevoll jedes Detail, das farbenfrohe Gepräge und die Pflanze an sich. Die Schönheit einer einzelnen Blüte reicht, um uns für die atemberaubende Vielfalt der Pflanzenwelt zu gewinnen. Wer häufig diese Form von Meditation praktiziert, öffnet sich auch für die andere Pracht des Lebens, die uns Tag für Tag begegnet. Denken wir nur an Duft, den eine Blüte verströmt. Wenn wir uns mit all unseren Sinnen der Blumen-Meditation hingeben, lässt uns diese Erfahrung den Duft alles Seienden wahrnehmen.

Steh-Meditation im Wald

Wenn wir durch den Wald gehen, vergessen wir oft, dass unser Gehen einen Gegensatz zu den stehenden Bäumen bildet, deren Wurzeln tief im Erdreich verankert sind. Bei der Baum-Meditation stehen wir starr wie ein Baum. Eine Freundin ging einst in den Wald und stand dort völlig still. Bald schon kamen zwei Rehe vorbei, dann ein Fuchs, ein Eichhörnchen, ein Dachs und Ringeltauben. Später sagte sie: „Ich sah stehend so viel mehr, als ich im Gehen gesehen hätte." Bei ihr stellte sich auch ein tiefes Gefühl der Nähe zu den Bäumen ein.

Farb-Meditation

Wie Farben unsere Stimmung beeinflussen oder widerspiegeln, ist ausgiebig erforscht. Grün kann Nähe zur Natur symbolisieren, Blau unendliche Ausdehnung, wie die des Himmels oder des Meeres, Rot dagegen Hitze und Schwingungen. Indem wir uns erst auf eine Farbe konzentrieren, dann auf eine andere, steigern wir unsere Wahrnehmung der Farbenvielfalt. Machen wir uns die Farben unserer Kleidung bewusst. Ist es vernünftig, Schwarz zu tragen, wenn wir uns niedergeschlagen fühlen? Wir können uns auch auf eine bestimmte Farbskala festlegen. Beschränken wir uns jedoch auf nur einen Farbton, beschränken wir damit auch unsere Wahrnehmung. Darüber hinaus gestaltet es sich schwierig, Kleidungsstücke in nur einer Farbe zu finden. Wer sich hingegen der Vielfalt der Farben öffnet, erweitert dadurch auch seinen Geist.

Glücks-Meditation

Bei dieser Meditation kommen wir zuerst äußerlich sowie innerlich zur Ruhe und entspannen uns in aufrechter Haltung. Dann konzentrieren wir uns auf ein glückliches Erlebnis, sei es mit dem Partner, an einem bestimmten Ort, in der Natur oder eine spirituelle Erfahrung. Mit dem Bild vor unserem geistigen Auge steigt gleichzeitig ein allumfassendes Glücksgefühl in uns auf. Lassen Sie das Bild allmählich los; nur das Glücksgefühl bleibt zurück. Durch Übung kann es bis in die Körperzellen geleitet werden. Überall ist Glück. Es gibt keinen Weg zum Glück, Glück ist der Weg. Wir schließen die Meditation mit den Worten: „Mögen alle Lebewesen das Glück kennen."

Meditation des Gleichmuts

Geistiger Gleichmut lässt uns fest und sicher zwischen zwei geistigen Kräften stehen. Die eine Kraft ist die der Anziehung und die andere die der Abneigung. Beide Kräfte gehören in das Reich des Impulsiven und drängen uns zu voreiligem Handeln. Stehen Sie aufrecht und atmen Sie langsam ein und aus, um gleichmütig zu werden. Die beiden gegensätzlichen Kräfte zerren an Ihnen: Das Verlangen, sich zu bewegen, erkennen Sie an einem Kribbeln. Versenken Sie sich in dieses Gefühl und lösen Sie es mittels Geisteskraft auf. Auch den Gedanken, das Meditieren abzubrechen und etwas Anderes zu tun, müssen wir überwinden. So erreichen wir Gleichmut gegenüber Anziehung und Ablehnung. Diese Meditation trägt zur Entwicklung des Geistes bei, der dann auch weitaus größere Lebenskrisen mit Gleichmut bewältigen kann.

Meditation des Wandels

Über diese in der buddhistischen Tradition sehr wichtige Meditation sagte ein Mönch: „Wir alle sind Brüder und Schwestern in Geburt, Altern, Schmerz und Tod“. Wer über den Wandel meditiert, beschäftigt sich mit dem Ende: dem Ende eines Atemzuges, eines Gedankens, einer Aufgabe. Wir erkennen: Was kommt, geht auch wieder. Die Meditation macht uns bewusst, dass unsere Möglichkeiten, die Unbeständigkeit zu kontrollieren oder zu beinflussen, sehr begrenzt sind. Diese Wahrheit gilt für alle Dinge und Lebewesen gleichermaßen.

Wer sich des Wandels alles Seienden bewusst ist, erkennt Veränderungen, Kommen und Gehen, Steigen und Fallen, Geburt und Tod. Wir erfahren den Wandel, indem wir mit Aufmerksamkeit die Veränderungen von einem Moment zum nächsten verfolgen. Verlust und Tod verlieren so ihre Schrecken.

- *Wir werden uns der Endlichkeit unserer Existenz bewusst.*
- *Sie hilft, blindes Verlangen nach Genuss zu kontrollieren.*
- *Wir sehen alles Seiende nicht einfach als gegeben an.*
- *Wir lernen mit dem Altern und dem Fortschreiten des Lebens umzugehen.*

Diese Meditation lässt uns in Verbindung mit Veränderungen, mit Entstehen und Vergehen bleiben. Wir denken nicht düster an die Unbeständigkeit, sondern erfreuen uns am Wandel. Wer Änderungen ablehnt, setzt sich selbst unter Druck. Die beständige Veränderung alles Seienden bewusster zu erleben lässt unseren Geist offen und empfänglich sein.

Meditation über den Tod

Wenn wir uns einstiger Freunde erinnern, können wir uns deren Geburt und Tod, ihre Freuden und Leiden bewusst machen. Wir wissen: „Ebenso wie andere in diese Welt gekommen und aus ihr gegangen sind, ergeht es auch uns." Dabei gibt es keinen Grund zu verzweifeln, im Gegenteil. Indem wir die Unbeständigkeit des Lebens akzeptieren, bleibt unser Wesen frei von Verleugnung. Auch Habgier und Erwartungen an andere können durch diese Meditation abgebaut werden. Wir können nichts aus dieser Welt mitnehmen, denn das letzte Hemd hat keine Taschen. Wer während der Meditation Unglück oder Verzweiflung verspürt, dessen Wahrnehmung wird durch eine negative geistige Verfassung beeinflusst. Doch auch Gemütsverfassungen sind Geburt und Tod, Kommen und Gehen unterworfen.

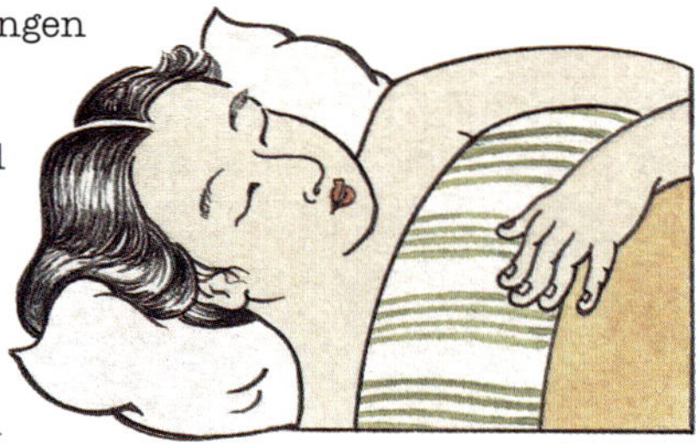

Die Zeit vor dem Schlafengehen ist für die Meditation über den Tod geeignet. In tiefem Schlaf geraten alle Gedanken über Vergangenheit, Gegenwart, Zukunft ebenso wie die eigene Existenz in Vergessenheit. Wer sich Sorgen über die Zukunft und seinen Tod macht, lässt das Leben nicht zu. Den Tod fürchten jene, die das Leben nicht zulassen, nicht jene, die das Leben in seiner Ganzheit annehmen. Der Tod vollendet das Leben, ebenso wie die Nacht den Tag.

Meditation über die Unendlichkeit

1 Sitzen Sie aufrecht, gleichwohl ob im Haus oder im Freien.

2 Werden Sie sich des Raumes zwischen den Dingen sowie zwischen Ihnen und dem, was Sie sehen, bewusst.

3 Horchen Sie bewusst. Töne erreichen das Ohr und verfliegen wieder. Nehmen Sie den Raum, der die Töne umgibt, wahr.

4 Seien Sie sich der Ausdehnung und der Tiefe des Raumes bewusst, der die unterschiedlichen Dinge des Lebens beherbergt.

5 Richten Sie Ihre Aufmerksamkeit nach innen. Werden Sie sich des Raumes zwischen den einzelnen Gedanken bewusst.

6 Spüren Sie das Gefühl für den Raum tief in Ihrem Körper und in allen Körperzellen.

7 Öffnen Sie Ihr Bewusstsein, um den Raum gleichzeitig innen und außen zu umarmen. Bei dieser Meditation müssen wir darauf achten, uns nicht zu verlieren.

8 Fühlen Sie sich innerlich stabil und gefestigt, können Sie die Meditation fortsetzen.

Meditation völliger Gegenwärtigkeit

Bei dieser Meditation bleiben wir vollkommen gegenwärtig, ohne uns auf etwas Bestimmtes, wie unseren Atem, zu konzentrieren. Alle Dinge sind gleich wichtig. Das allumfassende Sein umspannt alles. Bei der Meditation werden wir uns der Einheit und gleichzeitig der Verschiedenheit aller Dinge bewusst. Haben oder Besitzen sind ohne Bedeutung. Intuitiv ohne Begrifflichkeiten, gleichwohl ob philosophisch, wissenschaftlich oder religiös, verstehen wir das Wesen alles Seienden. In dieser Meditation wird unser Selbst weder bestärkt noch herabgesetzt. Vor unserem geistigen Auge entsteht das allumfassende Sein.

Kosmische Meditation

1 Suchen Sie sich in einer lauen Sommernacht einen ruhigen, offenen und trockenen Ort im Freien, an dem Sie sich niederlegen können. Legen Sie sich regungslos auf eine Matte.

2 Die Beine liegen nebeneinander, die Arme ebenfalls, die Handflächen zeigen nach oben.

3 Sehen Sie einige Minuten in den Nachthimmel. Seien Sie sich der Tiefe des Universums und seiner Ausdehnung bewusst.

4 Nehmen Sie sich in Beziehung zu allem Seienden wahr.

5 Erfahren Sie, wie alles, Nahes und Fernes, miteinander verknüpft ist.

6 Spüren Sie die Außergewöhnlichkeit des Seins.

7 Lassen Sie Respekt und Dankbarkeit angesichts des Mysteriums des Lebens in sich entstehen.

8 Sollten Sie Angst bekommen (weil Sie sich vielleicht verwundbar oder unzulänglich vorkommen), dann denken Sie daran, dass andere Menschen die gleiche Erfahrung machen. Lassen Sie diesen Gedanken Ihre Verbindung zu allem Seienden stärken.

Kommunikation

Wandel,

und

Klarheit

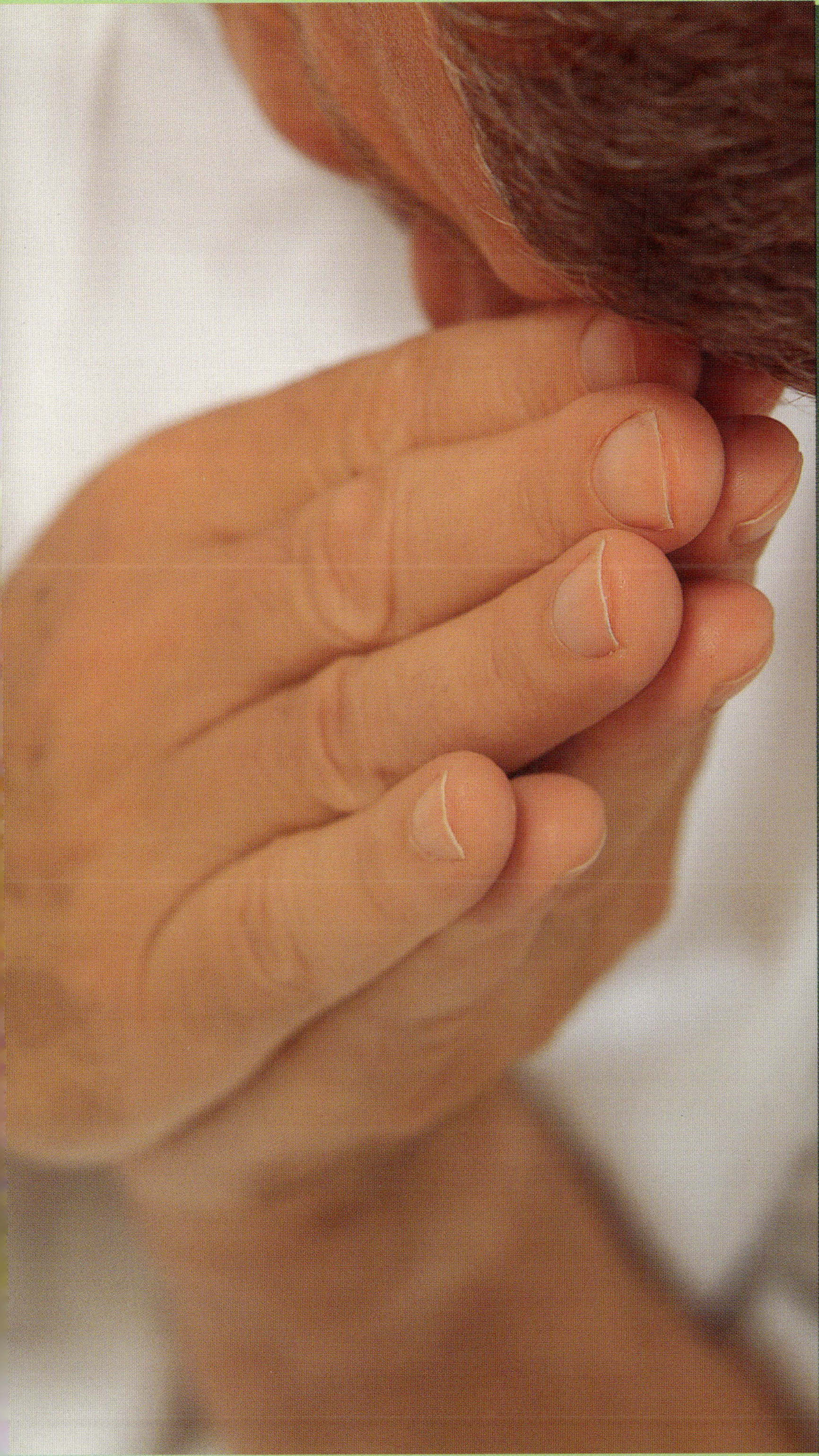

Durch das „Mudra des Gebetes“ huldigen wir der unglaublichen Vielfalt alles Lebens, die viel bedeutender ist als unsere eigene Existenz.

Handys
Manche Formen der Kommunikation bieten Bequemlichkeit, aber nicht unbedingt Qualität.

Aspekte der Kommunikation

Wer Zufriedenheit in seinem täglichen Leben finden will, sollte diesem immer seine volle Aufmerksamkeit widmen. Jeden Tag klar, konzentriert und voller Hingabe anzugehen erfordert, dass wir unsere Fähigkeiten ausbilden und trainieren. Anspannung, Stress und Angst seien notwendig, so die Meinung einiger, um Trödelei zu verhindern und Handeln zu motivieren. Es wäre schlimm, wenn unsere Tatkraft tatsächlich darauf beruhen würde. Wenn wir unsere bisherige Wahrnehmung der Dinge jeden Tag ein wenig ändern, können wir davon viel profitieren. Die Einstellung, mit der wir unsere Aufgaben angehen, ist ebenso wichtig wie die Pflichten selbst.

Meditation über „Arbeit“

SCHON DAS WORT „Arbeit“ kann Ablehnung hervorrufen: „Ich habe so viel Arbeit!“, „Ich hasse diesen Job“, „Mein Leben bewegt sich von einer Arbeit zur nächsten“. Andere denken: „Ich bin arbeitslos. Ich will wirklich arbeiten. Ich habe den ganzen Tag nichts zu tun.“ Wer solch eine Einstellung zu „Arbeit“ hat, setzt sich unter Druck. Der Begriff „Arbeit“ ist häufig emotional und psychisch belastet. Wir sollten von einer solchen Betrachtung der „Arbeit“ absehen und unseren Tag als Ganzes mit anderen Augen wahrnehmen.

ÜBUNG

- *Beginnen Sie den Tag mit einer einfachen Meditation.*
- *Achten Sie besonders darauf, Gedanken an die Aufgaben des bevorstehenden Tages gleich loszulassen.*
- *Das Vokabular der Arbeit sollte vermieden werden.*
- *Sehen Sie jeden Moment des Tages als eine neue Offenbarung an, statt von einer Aufgabe zur nächsten zu hetzen.*

Mit dieser Übung können wir die negativen Aspekte des Begriffs „Arbeit“ aus unserem Bewusstsein bannen. Unser Leben wird oft durch Arbeit bestimmt. Wir beginnen zu arbeiten, hören auf zu arbeiten, finden Arbeit, verlieren sie, haben zu viel oder zu wenig Arbeit. Eine solche Wahrnehmung zergliedert den Tag. Wir meditieren um den Tag in seiner Ganzheit zu erleben, statt ihn zu zerteilen.

Kaffeepause
Ein offenes Gespräch bei einer Tasse Kaffee kann ein anderes Licht auf einen anstrengenden Tag werfen.

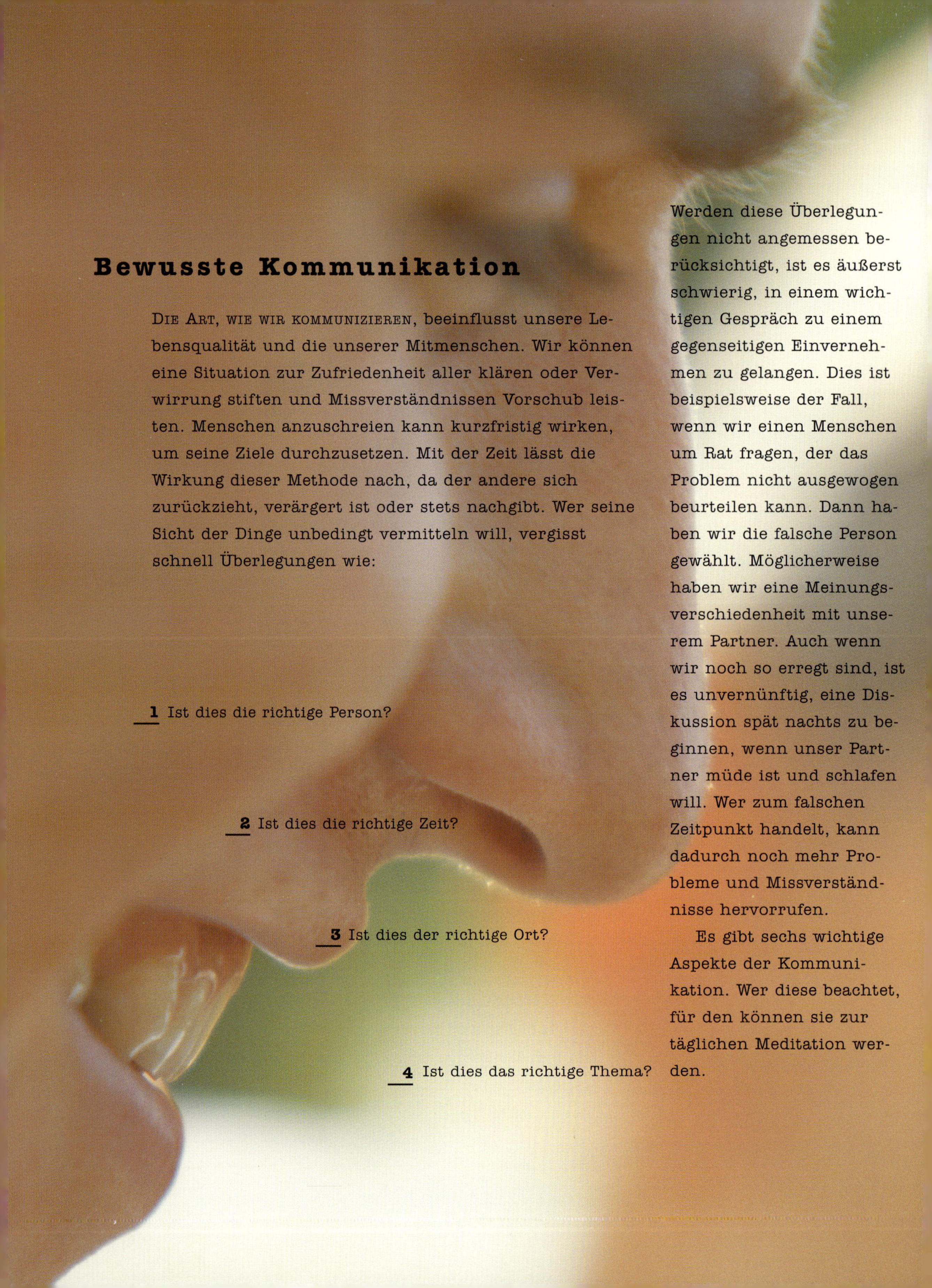

Bewusste Kommunikation

Die Art, wie wir kommunizieren, beeinflusst unsere Lebensqualität und die unserer Mitmenschen. Wir können eine Situation zur Zufriedenheit aller klären oder Verwirrung stiften und Missverständnissen Vorschub leisten. Menschen anzuschreien kann kurzfristig wirken, um seine Ziele durchzusetzen. Mit der Zeit lässt die Wirkung dieser Methode nach, da der andere sich zurückzieht, verärgert ist oder stets nachgibt. Wer seine Sicht der Dinge unbedingt vermitteln will, vergisst schnell Überlegungen wie:

1 Ist dies die richtige Person?

2 Ist dies die richtige Zeit?

3 Ist dies der richtige Ort?

4 Ist dies das richtige Thema?

Werden diese Überlegungen nicht angemessen berücksichtigt, ist es äußerst schwierig, in einem wichtigen Gespräch zu einem gegenseitigen Einvernehmen zu gelangen. Dies ist beispielsweise der Fall, wenn wir einen Menschen um Rat fragen, der das Problem nicht ausgewogen beurteilen kann. Dann haben wir die falsche Person gewählt. Möglicherweise haben wir eine Meinungsverschiedenheit mit unserem Partner. Auch wenn wir noch so erregt sind, ist es unvernünftig, eine Diskussion spät nachts zu beginnen, wenn unser Partner müde ist und schlafen will. Wer zum falschen Zeitpunkt handelt, kann dadurch noch mehr Probleme und Missverständnisse hervorrufen.

Es gibt sechs wichtige Aspekte der Kommunikation. Wer diese beachtet, für den können sie zur täglichen Meditation werden.

Achtsamkeit

Wir sollten uns der Situation, damit verbundener Umstände und unseres Verhaltens immer bewusst sein. Wenn wir wollen, dass man uns zuhört, müssen wir uns möglichst genau ausdrücken. Es ist unfair, eine Situation aufzubauschen oder abzuschwächen. Es erfordert Übung, Vergangenes, Gegenwärtiges oder Zukünftiges ehrlich, deutlich und möglichst genau zu benennen. Wir sollten immer achtsam die Reaktion unseres Gesprächspartners bedenken.

Gefühle

Sind unsere Gefühle angenehm, schmerzvoll oder liegen sie irgendwo dazwischen? Vielleicht ist es notwendig, das Gespräch mit den Worten „Ich fühle …" zu beginnen. Sonst erweckt es möglicherweise den Anschein, als wollten wir absolute oder objektive Wahrheiten formulieren.

Gedanken

Vor einem wichtigen Gespräch gehen uns viele Gedanken durch den Kopf. Vielleicht versuchen wir die Reaktion unseres Gesprächspartners vorherzusehen. Kommunikation verläuft jedoch meist nicht wie geplant. Unser Geist sollte möglichst klar und gefestigt sein. Während des Gesprächs sollten wir auch aufkommende Gedanken beachten, die uns leicht am Zuhören hindern können. Wer anderen nicht zuhören kann, dem hört auch keiner zu. Der Versuch, einem Menschen seine Meinung aufzuzwingen, führt nur zu Widerstand oder Nachgiebigkeit, nicht aber zur Verständigung. Menschen, die unter Druck nachgeben, bereuen es später oft, diesem nicht standgehalten zu haben.

Absicht und Motivation

Was wollen wir in einem Gespräch erreichen? Sind wir vernünftig? Ist unsere Absicht von Wünschen, Vorsätzen oder überzogenen Vorstellungen geprägt? Wenn dem so ist, haben wir möglicherweise keine gemeinsame Basis mit unserem Gesprächspartner. Sich seine Absichten einzugestehen erfordert viel Ehrlichkeit. Sind wir verständig und aufgeschlossen oder wollen wir nur unser Ego stärken oder die Gefühle des anderen verletzen?

Vertrauen

Manchmal müssen wir besonders achtsam sein, was wir zueinander sagen. Vertrauen ist wie eine zarte Pflanze, mit der respektvoll und vorsichtig umgegangen werden muss. Ein Vertrauensbruch führt häufig zu Schuldgefühlen und Vertrauensverlust.

Resultate erzielen wollen

Wenn uns sehr viel daran liegt, unseren Willen durchzusetzen, werden wir kaum Erfolg haben. Denn wer unbedingt ein bestimmtes Ziel erreichen will, verliert leicht den Zugang zu dem Prozess an sich. Die Folge von zwanghafter Zielorientiertheit ist Angst oder Verärgerung.

Achtsame Kommunikation erfordert viel Aufmerksamkeit. Ein intensives Gespräch sollte in einer behaglichen Umgebung stattfinden, in der man sich geborgen fühlt.

Ich und Mein

Wir sollten uns vergegenwärtigen, wie oft und mit welchem Nachdruck in einem Gespräch „ich“ und „mein“ benutzt wird. Wichtig ist auch zu beachten, ob alle Gesprächsteilnehmer angemessen zu Wort kommen, da manche Menschen zu schüchtern sind, um sich in einer Gruppe ohne Aufforderung zu äußern. Menschen, die ausschließlich über sich und ihre Ansichten sprechen, hört man nur ungern zu. Von wesentlicher Bedeutung für ein Gespräch ist es, andere so zu behandeln, wie man selbst gerne behandelt werden möchte.

Achtsame Kommunikation bedarf täglicher Übung. Wie jede andere Form der Meditation erfordert auch sie Gewahrsein, Interesse und Lernfähigkeit. Ein verständnisvoller Austausch mit anderen Menschen kann nicht stattfinden, wenn wir Aufmerksamkeit fordern, nach Zustimmung heischen und überzogene Forderungen stellen. Wer dies nicht berücksichtigt, fügt sich selbst und anderen Leid zu. Verlieren wir uns in Lügen, Tratsch oder schnippischen Antworten, bringen wir uns und unsere Gesprächspartner aus dem seelischen Gleichgewicht.

Wir entwickeln Gesprächsstrategien, um Nervosität, Ungeduld und Verlegenheit, die uns unsicher wirken lassen, zu überspielen. Wir sollten es unseren Gesprächspartnern sagen, wenn sie etwas für uns Inakzeptables oder Irrelevantes äußern. Es macht keinen Sinn, eine Litanei von negativem Gerede über sich ergehen zu lassen.

Während eines spannungsgeladenen Treffens kann uns bewusstes Atmen Ruhe und Klarheit verschaffen. Nach einem solchen Gespräch hilft uns das Atmen, das Gespräch als etwas Vergangenes zu betrachten, statt es immer und immer wieder in Gedanken durchzugehen.

Auf Kassette gebannt
Wenn wir zufälligerweise an einem Tag unsere Gespräche aufnehmen könnten, ob wir wohl beim Anhören des von uns Gesagten erstaunt wären?

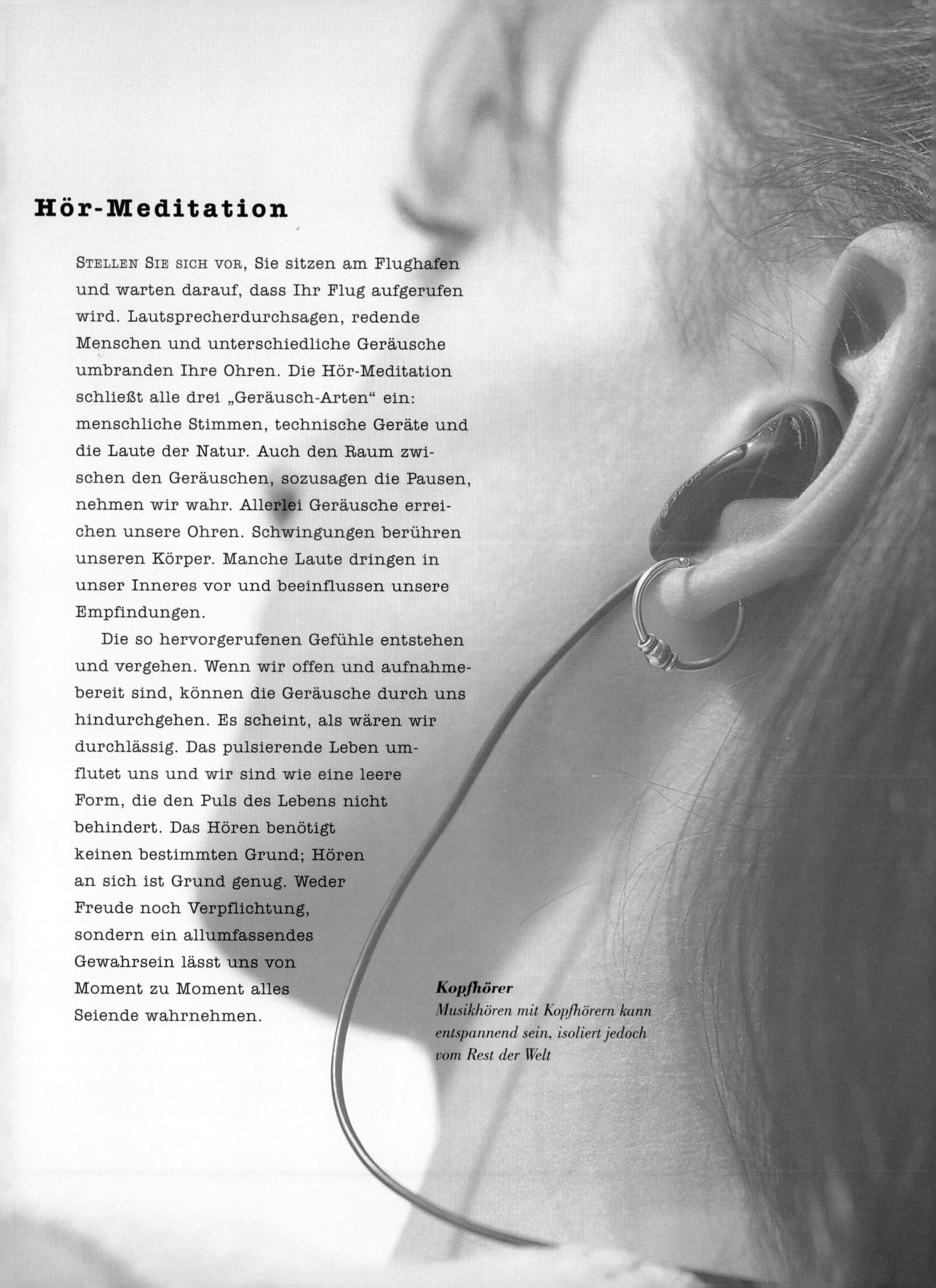

Hör-Meditation

STELLEN SIE SICH VOR, Sie sitzen am Flughafen und warten darauf, dass Ihr Flug aufgerufen wird. Lautsprecherdurchsagen, redende Menschen und unterschiedliche Geräusche umbranden Ihre Ohren. Die Hör-Meditation schließt alle drei „Geräusch-Arten“ ein: menschliche Stimmen, technische Geräte und die Laute der Natur. Auch den Raum zwischen den Geräuschen, sozusagen die Pausen, nehmen wir wahr. Allerlei Geräusche erreichen unsere Ohren. Schwingungen berühren unseren Körper. Manche Laute dringen in unser Inneres vor und beeinflussen unsere Empfindungen.

Die so hervorgerufenen Gefühle entstehen und vergehen. Wenn wir offen und aufnahmebereit sind, können die Geräusche durch uns hindurchgehen. Es scheint, als wären wir durchlässig. Das pulsierende Leben umflutet uns und wir sind wie eine leere Form, die den Puls des Lebens nicht behindert. Das Hören benötigt keinen bestimmten Grund; Hören an sich ist Grund genug. Weder Freude noch Verpflichtung, sondern ein allumfassendes Gewahrsein lässt uns von Moment zu Moment alles Seiende wahrnehmen.

Kopfhörer
Musikhören mit Kopfhörern kann entspannend sein, isoliert jedoch vom Rest der Welt

Meditation und sexuelle Nähe

Sexuelle Erfahrungen schliessen Herz, Geist, Körper, Sprache und Handeln ein. In Indien haben Lehrmeister des Hinduismus und Buddhismus schon vor Jahrhunderten erkannt, wie wichtig das Verhältnis von sexuellen und religiösen Erfahrungen ist. Im Kamasutra, einem heiligen hinduistischen Buch, werden verschiedene Stellungen beschrieben, durch die sexuelles Erleben mehr Tiefe, Energie und Intensität bekommt. Eine solche Sicht der Sexualität unterscheidet sich grundlegend von der orthodoxer Religionen im Westen wie auch im Osten, die häufig eine Trennung von Körper und Geist propagieren – den Sünden des Fleisches steht hier die Erbauung der Seele gegenüber. Wir dagegen betrachten den Bereich der Sexualität als Ausdruck von Gewahrsein und meditativem Verstehen. Erweitern wir unser Liebesleben um den Aspekt meditativen Verständnisses, entwickeln wir unsere innere Fähigkeiten weiter, darunter auch die Rücksichtnahme und die Empfindungsfähigkeit. Eine sexuelle Beziehung beruht letztlich auf Gegenseitigkeit: Man gibt seinem Partner ebenso wie sich selbst Halt, Freude und Genuss.

Sexuelle Beziehungen ohne meditatives Verständnis sind häufig auf einen schnellen Höhepunkt ausgerichtet, dem Erschöpfung und Schlaf folgen. Das mag für den einen zwar befriedigend sein, ist für den anderen oft enttäuschend, wenn nicht gar verletzend. In meditativen sexuellen Beziehungen lernen beide Partner auf den anderen bewusst zu achten und jeden Augenblick achtsam und empfindsam zu erleben. Die Sprache der Liebe bedient sich auch des gesprochenen Worts. Bevor man sich liebt, sollte man sich kennen lernen und einander vertrauen.

Es ist sehr wichtig, die Vorlieben des Partners zu kennen, zu wissen, was ihm gefällt und wie sich unsere Fantasie in Stellungen, Zeit, Ort und Gegenseitigkeit äußern kann. Bezieht man Achtsamkeit und meditatives Verständnis in die Sexualität mit ein, neigt man nicht dazu, an sich oder den Partner überzogene Ansprüche zu stellen.

Körperliche Liebe
Körperliche Liebe schließt respektvollen und offenen Umgang mit dem Partner ebenso wie Gewahrsein, Empfindsamkeit und Rücksicht ein. Wahre Liebe berücksichtigt die Vorlieben und Wünsche des geliebten Menschen.

Bei dieser Meditation können zwei Menschen in Stille Verbindung zueinander aufnehmen.

Meditation der Liebenden

- *Setzen Sie sich gegenüber mit gekreuzten Beinen auf den Boden oder auf einen Stuhl und sehen Sie sich an. Sie sind sich nahe.*
- *Sie können die Hände ineinander-, auf die Knie oder in den Schoß legen.*
- *Lassen Sie die Wärme Ihres Herzens durch die Augen aus dem Körper zu den Augen des geliebten Menschen strömen.*
- *Wenn es Ihnen gefällt, können Sie den Körper sanft vor und zurückbewegen.*
- *Von Zeit zu Zeit können sie liebevolle Worte zu Ihrem Partner sagen.*
- *Die Wärme und Nähe Ihres Partners durchfließt Sie von Kopf bis Fuß.*

Sexualität und Empfindsamkeit, Liebe und Leidenschaft sind wichtig für die sexuelle Energie beider Partner. Manche Yogis sind der Ansicht, dass Meditation und spirituelle Übungen, um die Energie zu bewahren, sexuelle Enthaltsamkeit erfordern. Diese auf eine zölibatäre Tradition zurückzuführende Ansicht ist nicht unumstritten. Häufig wird während des körperlichen Liebesaktes Energie freigesetzt, die unser Bewusstsein heben kann. Also ein ganz anderer Vorgang als der von manchen Yogis formulierte. Um zu erkennen, welcher Weg der unsere ist, sollten wir auf unsere innere Stimme hören.

Die Verbindung herstellen
Es ist wichtig, dass zwei Menschen sich Zeit zum Kennenlernen nehmen, sich gegenseitig Wärme schenken sowie die Augen und Herzen miteinander verschmelzen lassen.

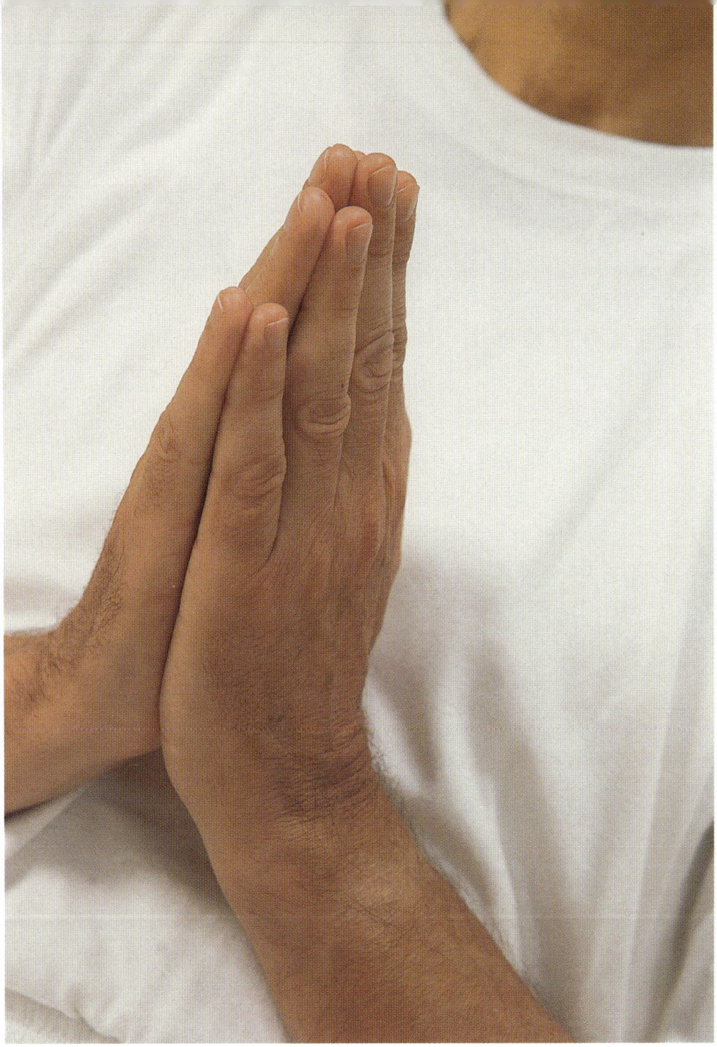

Gebet
Im Gebet können wir uns etwas nähern, das größer ist als wir.

Übung

- *Sehen Sie sich in dieser Meditation als kleine Welle im riesigen Ozean des Lebens. Je intensiver Sie meditieren, um so mehr verlieren Sie sich in diesem Ozean. Alles ist Wasser und weiter nichts.*

Meditation als Gebet

Es gibt zwei Arten des Gebets. Die eine entspringt einem offensichtlichen Eigeninteresse, die andere bringt uns etwas näher, das größer ist als wir. Die erste Form des Gebets ist eine Bitte, ein Flehen. Unser kleines Selbst, sei es liebevoll oder bedürftig, erbittet von etwas Größerem Hilfe oder Unterstützung. Vor allem bei Gefahr oder nach schmerzhaften Verlusten wenden sich die Menschen oft an Gott – sogar überzeugte Atheisten. Das Gebet kann auch missbraucht werden, um eine Belohnung, ein größeres Auto, mehr Geld oder eine einflussreichere Arbeitsstelle zu erbitten. Weit mehr zu schätzen ist ein Gebet, das uns Selbstaufgabe, Nähe und Verbindung zu etwas Höherem bringt.

Zeichen einer Sekte

ES GIBT UNZÄHLIGE religiöse und spirituelle Organisationen, von denen die meisten einen toleranten und mit klarem Menschenverstand erfassbaren Zugang zu spirituellen Erfahrungen vermitteln. Vorsicht ist geboten vor Gruppen, deren vornehmliche Ziele die dogmatische Bekehrung von Menschen und das Postulieren eines Herrschaftsanspruchs innerhalb eines hierarchischen Machtgefüges sind. Solche Gruppen zeichnen sich meist durch Intoleranz gegenüber Andersdenkenden aus. Sekten oder ähnliche Organisationen haben einige Merkmale gemeinsam. Dazu zählen:

- *Anerkennen einer Autorität und engstirnige Interpretation historischer Geschehnisse.*
- *Starke Identifikation mit einem Führer oder einer dogmatisch vertretenen Lehre.*
- *Anspruch eines Führers, seine Anhänger zu dominieren. Sprachlich findet dies seinen Ausdruck in einem häufigen Gebrauch von „ich“, „mein“ oder „wir und andere“.*
- *Patriarchalische Führungsstrukturen, die dem Gehorsam und Glauben an eine überlegene Sicht verpflichtet ist.*
- *Ablehnung und Intoleranz gegenüber Andersdenkenden, deren Praktiken und Lehren.*
- *Begründete Zweifel werden mit der Vermittlung von Ablehnung oder Schuldgefühlen quittiert.*

Wir können Tiefe und Intensität der Meditation erkunden, indem wir uns auf das Wissen und die Einsichten anderer stützen, jedoch ohne uns dabei zweifelhaften Organisationen anschließen und fragwürdige Überzeugungen annehmen zu müssen.

Sekten
Bei Sekten begegnet man häufig einem spirituellen Materialismus. Ihre Anhänger werden finanziell ausgebeutet.

Überlegungen zu innerem Wandel sollten Folgendes umfassen:

Erwachen

In einem einzigen Augenblick oder während eines Lebensabschnitts können sich all unsere Wahrnehmungen und Prioritäten grundlegend verändern. Unser Bewusstsein erfährt eine völlige Wandlung. Plötzlich haben wir neue Ziele, neue Prioritäten und fühlen uns voller Liebe und innerer Freiheit.

Ändern des Lebensstils

Immer mehr Menschen fühlen sich von materiellem Wohlstand allein nicht ausgefüllt. Größerer Wohlstand bedingt nicht zwangsläufig umfassende Zufriedenheit. Wer über seinen Lebensstil nachdenkt, kommt möglicherweise zu dem Schluss, dass er bewusster, intensiver und einfacher leben will.

Ernährung und geistiges Leben
Auch wenn man nicht ist, was man isst, so hat die Ernährung doch Einfluss auf unser spirituelles Leben

Bewusst Rituale erleben

Das bekannteste Ritual in der westlichen Welt ist sicherlich der sonntägliche Kirchgang. Das Gefährliche an Ritualen ist, dass sie oft eher lähmend als seelisch und geistig beflügelnd wirken. Doch Rituale können auch das Tor zu unserem Bewusstsein sein. Vielleicht haben wir uns bislang gegen religiöse Rituale gesträubt, ohne sie je bewusst zu erleben.

Wege zu innerem Wandel

Kreativität

Kein Tag sollte verstreichen, ohne dass wir unserer Kreativität Ausdruck verliehen haben. Durch Meditation können wir diesen wundervollen Lebensbereich fördern.

Ernährung

Eine vegetarische Ernährung wurde in Indien schon immer als Zeichen eines tief geistigen Lebens gesehen. Wir können uns ausgewogen ernähren, ohne dies auf Kosten empfindender Lebewesen zu tun. Immer mehr Menschen werden aus moralischen und gesundheitlichen Gründen zu Vegetariern.

Gruppenarbeit/Gemeinschaft

Gruppenarbeit in Meditationszentren, in Workshops, bei Zusammenkünften und Konferenzen sind kurzzeitige Gemeinschaftserfahrungen, bei denen wir von anderen ebenso viel lernen können wie von uns selbst.

Meditation

Meditation hat zwei wesentliche Aspekte: Ruhe und Erkenntnis. Ruhe trägt zu Gesundheit, Wohlbefinden, Energie und Heilung bei. Erkenntnis vermittelt Achtsamkeit, Reflexion und Einsicht in die Natur der Dinge.

Bewegung

Yoga, Tai Chi, Jogging, Massage und Tanz leisten alle einen Beitrag zu innerem Wandel. Sie entspannen, führen Geist und Körper Energie zu und lassen uns mit dem Tanz des Lebens eins fühlen.

Pilgerfahrt

Eine Pilgerfahrt erhöht die Reise zu einem Ort durch spirituelle Praktiken, die eine Pilgerreise erst auszeichnen. Es gibt viele Pilgerorte auf der Welt.

Psychotherapie

Psychotherapie kann einen Beitrag dazu leisten Körper, Geist und Seele zu heilen.

Reflektieren/Selbstbefragung

Weisheit entspringt aus Ruhe und Klarheit, nicht aus vorschnellen Urteilen.

Lesen

Meditatives Lesen kann uns helfen, uns besser zu verstehen.

Meditationszentren

Dies sind beliebte Orte, um Meditation verständlich zu erfahren.

Geben

Unser inneres Leben ändert sich vom Bekommen zum Geben. Wer achtsam ist und sich um andere kümmert, gibt gerne.

Alleinsein

Alleinsein trägt zu innerem Wachsen bei. Es geschieht freiwillig und absichtlich, im Gegensatz zu der ungewollten Einsamkeit.

Lesen
Lesen kann uns dabei helfen, uns besser zu verstehen.

Liebevolle Güte

Übung

1 Machen Sie es sich bequem und entspannen Sie sich. Schließen Sie die Augen und spüren Sie Wärme, Fürsorge und Liebe zum Leben. Dabei können wir auf unser angenehmes Entspannen achten oder uns auf Menschen oder Dinge besinnen, die wir lieben und schätzen. Wir lassen die Erinnerung oder das Bild vor unserem geistigen Auge langsam los. Zurück bleibt das Gefühl der Wärme, Liebe und Güte in unserem Herzen. Mit Übung vertieft sich dieses Gefühl.

2 Wir lassen die liebevolle Güte unseren Körper und unser ganzes Wesen durchziehen. Bald spüren wir in allen Zellen Wärme, Zufriedenheit und Liebe.

3 Nun lenken wir dieses Gefühl auf jene, die wir lieben. Dazu können Familie und Freunde, aber auch Menschen gehören, vor denen wir eine große Achtung besitzen.

Güte zeigen
Was aus dem Herzen strömt, findet seinen Weg ins tägliche Leben. Wir können liebevolle Güte und tiefe Freundschaft gegenüber Freunden, Fremden und unsympathischen Menschen zeigen.

4 Wir rufen uns nun Menschen vor unser geistiges Auge, die wir kaum kennen und mit denen uns nur wenig Gemeinsamkeiten verbinden. Es können Gruppen von Menschen oder auch einzelne Personen sein. Wir lenken Wärme und Liebe zu den Bildern dieser Menschen, die wir nie persönlich kennen lernen werden.

5 Schließlich dehnen wir unsere liebevolle Güte auf Menschen aus, die wir und die möglicherweise auch uns nicht mögen. Wir können unsere liebevolle Güte zu Menschen lenken, die Gewalt ausüben. Dadurch lernen wir Wut, negative Gefühle, Hass und Rachegefühle zu überwinden. In schwierigen Situationen können wir so einen kühlen Kopf bewahren. Wenn wir diese Meditation regelmäßig ausüben, profitieren nicht nur unsere Mitmenschen, sondern auch unser inneres Sein davon.

Sind wir verletzt, verärgert oder voller Zorn, leiden wir. Dies ist ein Ausdruck dafür, dass andere Menschen Macht über unser seelisches und geistiges Befinden ausüben können. Wer in schwierigen Situationen mit Klarheit und Liebe reagiert, hat nicht nur die Situation im Griff, sondern wächst über seine eigenen Grenzen und die anderer hinaus.

Wer Freunden, Fremden und unsympathischen Menschen liebevolle Güte zeigen kann, kann diese Meditation so ausweiten, dass sie Teil seines Wesens wird. In der Meditation können wir die Namen von Menschen nennen, die uns wichtig sind. Wir können Gebete, Gesänge oder Verse verfassen, durch die unser Herz offen und aufgeschlossen bleibt. Zum Beispiel:

- *Mögen meine Lehrer, die Gemeinde, geliebte Menschen, meine Freunde und Bekannte frei von Leid und Schmerz sein.*
- *Mögen alle Tiere und Geschöpfe dieser Erde auf dem Boden, in der Luft und im Wasser sicher und geborgen leben.*
- *Möge mein tägliches Handeln zur Zufriedenheit, zur Heilung und zur Erkenntnis von anderen beitragen.*

Wir haben häufig Gelegenheit, uns mit einem Menschen oder einer Gruppe kurz auszutauschen. Vor und nach dem Zusammentreffen können wir ihnen freundliche Gefühle zukommen lassen.

- *Mögen Sie glücklich sein.*
- *Mögen Sie frei von Schmerzen sein.*
- *Mögen Sie in Frieden leben.*

Wer liebevolle Güte in all sein Tun mit anderen Menschen einfließen lässt, wird eine merklich bessere Beziehung zu ihnen bekommen. Wir öffnen unser Herz und schenken Freunden, Fremden und Unsympathischen unsere Liebe.

Ein Tagebuch führen

MILLIONEN VON MENSCHEN führen regelmäßig Tagebuch. Häufig wird darin verzeichnet, was am Tag geschah und welche Menschen man traf. Ein Meditations-Tagebuch verfolgt andere Ziele. Das Wesentliche beim Schreiben ist, mit unserem inneren Sein in Kontakt zu bleiben. Menschen und Orte sind für das innere Erleben weniger wichtig. Das Tagebuch dient dazu, uns kennen zu lernen, unsere Gefühle, Gedanken und Erfahrungen aufzuschreiben. Wir rufen uns in Erinnerung, was wir von diesem Tag lernen können. Sowohl die gewöhnlichen Augenblicke des täglichen Lebens als auch die besonderen werden aufgezeichnet.

Ein Tagebuch führen
Ein Tagebuch hilft, den Kontakt zu unserem inneren Sein zu wahren

Das Herz ausweiten, den Geist erwecken

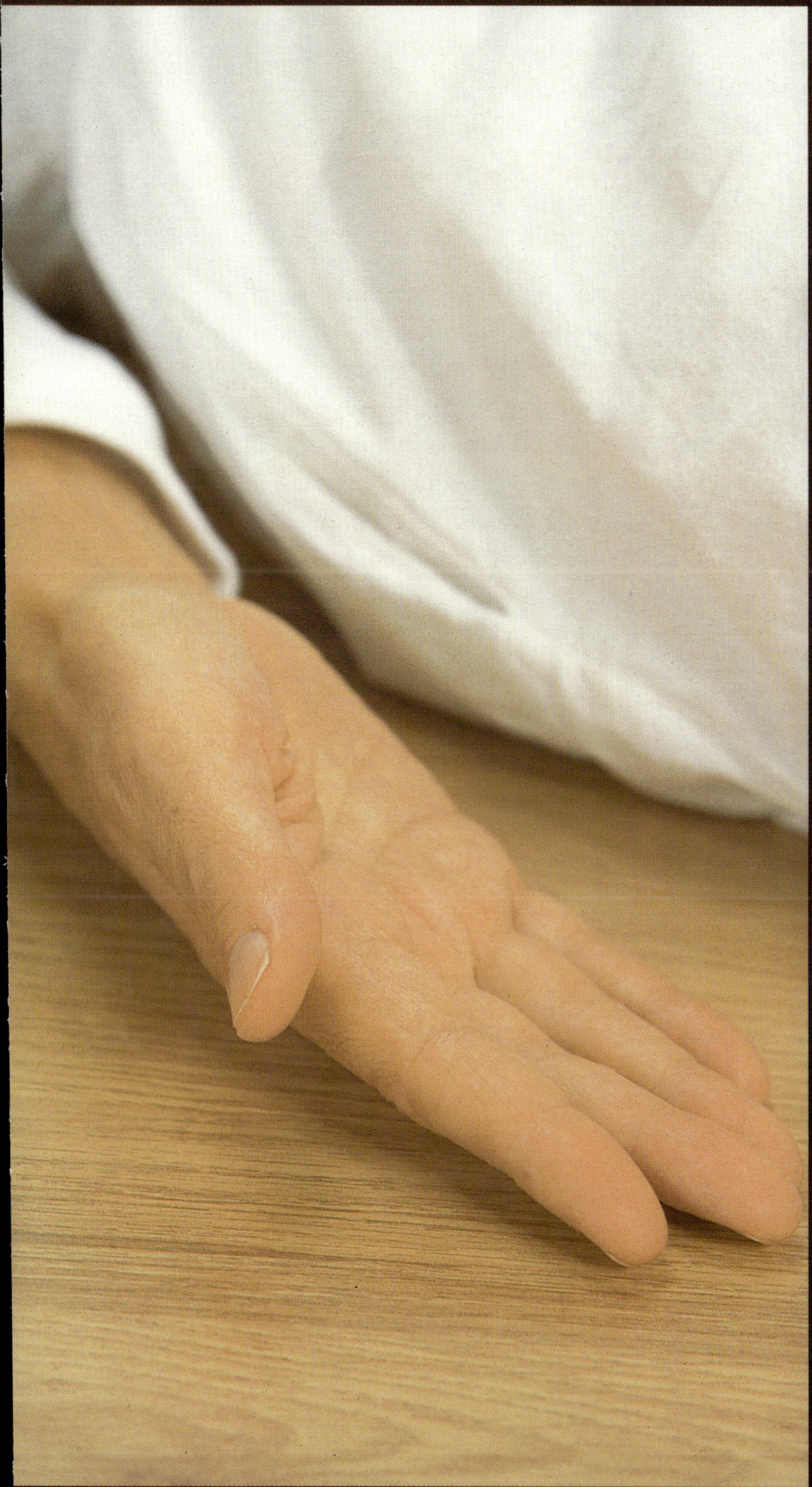

Das Mudra „Das Berühren der Elemente“ wird in liegender Position ausgeführt. Wir spüren in jedem Augenblick unsere Verbindung mit den Elementen Erde, Wasser, Feuer und Luft.

Meditation verhilft nicht nur zu einem gefühlvollen Herzen und einem klaren Geist, sondern lässt uns auch die Vorzüge eines freien und erleuchteten Lebens erkennen. Meditation gehört zu einer eingängigen Lehre, die Ethik, Erkenntnis, Mitgefühl und Weisheit umfasst.

MIT DEM WEITERENTWICKELN unserer Meditationspraktiken durchdringen wir wie von selbst nach und nach alle Bereiche unseres Lebens. Wir haben den Wunsch, die regelmäßige Meditation mit unseren inneren Werten und unseren körperlichen, sprachlichen und geistigen Aktivitäten zu verbinden. In der Meditation entwickeln wir Liebe für ein achtsames und bewusstes Leben und lernen die Vielfalt des täglichen Lebens zu respektieren.

Einer der Schlüsselbegriffe spiritueller Lehren ist Übung. Mit der Übung deckt man viele Bereiche des Lebens ab. Wir müssen uns dabei nicht auf ein bis zwei Bereiche, wie den Abbau von Stress oder die Heilung von Krankheiten, beschränken. Mit den unterschiedlichen Meditationsübungen können wir alle Bereiche unseres Lebens auf eine höhere Ebene heben. Es liegt an Ihnen, wie weit Sie gehen wollen.

Freude
Durch Übungen können wir jeden Bereich unseres Lebens mit Freude und Glück erfüllen.

Das Leben öffnen
Wir sitzen in der Meditation mit den Handflächen nach oben und öffnen unser Leben für die Vielfältigkeit allen Seins.

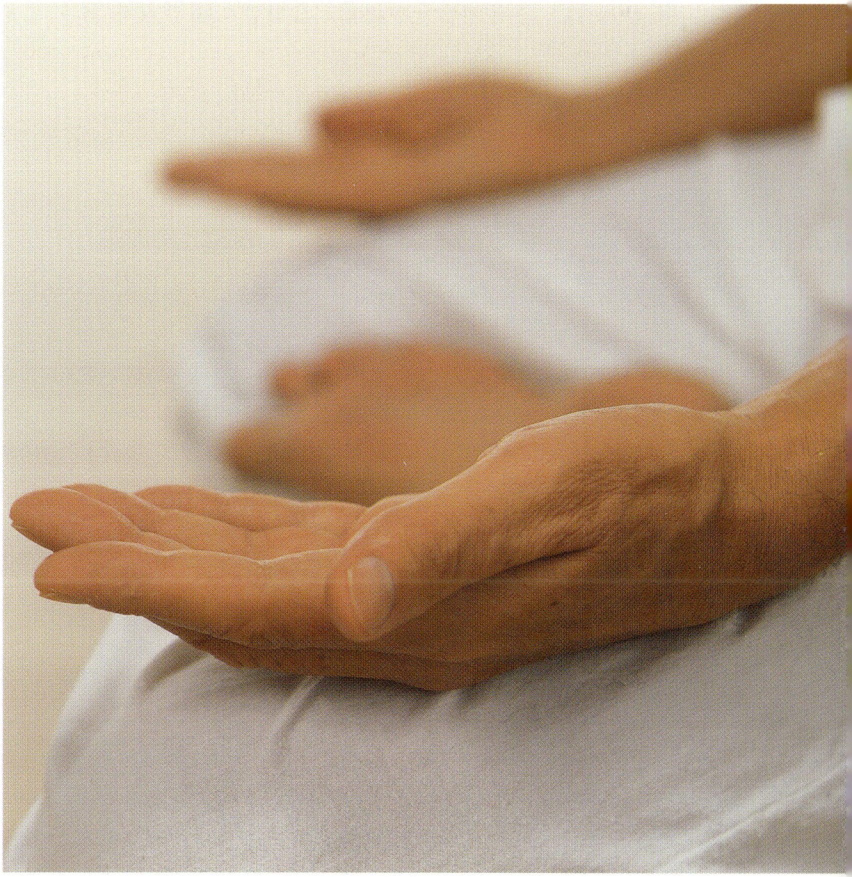

Warum Meditationsübungen?

- *Wir üben, um uns von schädigenden Verhaltensmustern und unachtsamem Handeln zu befreien.*
- *Wir üben, um den Geist von Gier, Hass und geistiger Verwirrung zu befreien.*
- *Wir üben, um innere Achtsamkeit zu entwickeln, um die Tiefen der Meditation zu ergründen und um Einsicht in das Wesen alles Seienden zu erhalten.*
- *Wir üben, um uns aktiv zu wandeln, alleine oder mit anderen.*
- *Wir üben, um soziale, religiöse und politische Lebensbereiche zu vereinen. Wir nehmen Einfluss, indem wir durch die Übung gewillt sind, Machtmissbrauch zu verhindern.*
- *Wir üben, um uns Herausforderungen besser stellen zu können. Manchmal müssen wir uns für die Übung auch selbst überwinden.*
- *Theorie ohne Praxis ist unverantwortlich. Praxis ohne Theorie ist Übung ohne Ziel. Der Weg zur Erleuchtung ist der Weg der Achtsamkeit, der Erfahrung und des praktischen Tuns.*
- *Wir üben, um Erkenntnis zu gewinnen und zur Erleuchtung zu gelangen. Im täglichen Leben zeigt sich unser erfahrenes Wissen, indem wir zum Wohlbefinden anderer Menschen handeln.*
- *Wir üben, um unsere täglichen Wahrnehmungen durch entschlossene Achtsamkeit, leidenschaftliches Handeln, transzendentes Schauen und Freiheit zu erweitern.*

Zehn Bereiche der Erkenntnis

Die in dieser Liste aufgeführten Punkte helfen dabei, die Meditation zu vertiefen und unser tägliches Leben besser zu verstehen:

1 Es gilt einen Lebensunterhalt abzulehnen, der Gefahr oder Zerstörung für Menschen, Tiere oder unsere Umwelt bedeutet und statt dessen eine nützliche Betätigung zu wählen. In der buddhistischen Tradition ist der richtige Lebensunterhalt wichtiger als die Karriere.

2 Ein moderater Lebensstil setzt den Besitz an letzte Stelle. Dies erfordert ein gewisses Maß an Achtsamkeit und Sorge für alle materiellen Dinge.

3 Es gilt sich die Stunden vor dem Fernseher, dem Computer oder im Kino zu vergegenwärtigen. Wichtig ist es, sich der Ursachen bewusst zu werden. Stecken etwa Ärger, Langeweile, Verlangen oder Ruhelosigkeit dahinter?

4 Wir fühlen uns unseren Vorsätzen verpflichtet, wenn wir an uns arbeiten. Dies schließt spirituelle, emotionale, intellektuelle und physische Aspekte, aber auch unsere Beziehung zu anderen Menschen ein. Statt den Geist mit unangenehmen Dingen zu belasten, konzentrieren wir uns auf unsere Entwicklung und das Erlangen von Erkenntnis.

5 Es gilt Abmachungen einzuhalten. Wenn wir „Ja", „Nein" oder „Ich gebe dir Bescheid" sagen, dann meinen wir das auch. Es ist wichtig, zu seinen Zusagen zu stehen und diese einzuhalten. Wer diesen Bereich vernachlässigt, überlagert seine Meditation mit dem Verurteilen von anderen, das Verteidigen seiner selbst und dem Leugnen des eigenen Verhaltens.

6 Der Kontakt zu Gleichgesinnten ist sehr förderlich. Wir können in den Herzen und im Geist anderer Menschen viel Weisheit und Güte finden. Vor allem von Menschen, die in Meditation erfahren sind, können wir viel lernen.

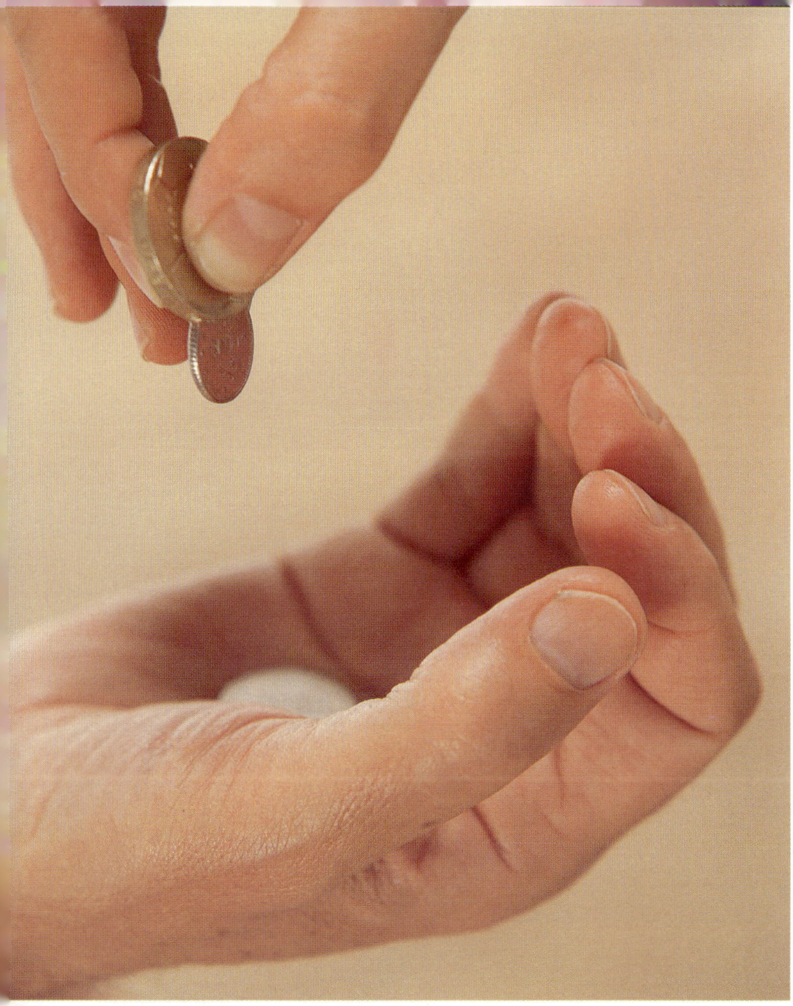

Den Bedürftigen geben
Wer Bedürftigen gibt, bekräftigt die Verbindung seines Herzen mit ihnen.

7 Zur Freude erkennen: Sein ist besser als Haben, Teilen ist besser als Nehmen, Loslassen ist besser als An-sich-Reißen, Offenheit ist besser als Verschlossenheit. Wir werden diesen Wandel in uns feststellen und bemerken, wie wir ein umfassenderes Verständnis für das Sein, wie es ist, entwickeln.

8 Wir lernen die Wichtigkeit unserer Spenden und unserer Arbeit, oder beides, für einzelne Menschen, für wohltätige Einrichtungen und Organisationen freudig anzuerkennen.

9 Wer regelmäßig meditiert, wird erkennen, wie sich Ansichten, Meinungen, Standpunkte, Überzeugungen und Weltanschauungen in seinem Geist bilden und wieder auflösen. So können wir lernen, wodurch Leid hervorgerufen wird und wie dieses gelöst werden kann.

10 Durch Meditation lernen wir die Freuden des Lebens – den Kontakt zu Menschen, der Natur, der Kreativität, den Künsten, der Achtsamkeit, der Erkenntnis und der Freiheit – dankbar und offen anzunehmen. Feiern wir das Wunder und Mysterium des Lebens. Meditation ist in vielerlei Hinsicht für ein ausgefülltes, ausgewogenes und selbstbestimmtes Leben unabdingbar.

Tränen und Regentropfen – ein Gedicht

HÖRT dieses Lied unseres
körperlichen Seins,
Verweilt dort, wo unser Körper
ruhig von sich spricht.
Nichts kann uns davon trennen,
trotz all unserem Wissen.

UNSERE Verbindung, unser Teil
an der grünen Welt.
Nähe vertreibt die
täglichen Zwänge
Und Freude ist das Zeichen
dieser Begegnung.

UNGEKÄMMTES Kopfhaar wächst
Wie wilde Gräser dieser
runden Welt.

DER Körper liegt auf der Seite
Und enthüllt Konturen von
Hügeln und Tälern.

LANGE tiefe Atemzüge fließen
hinein und hinaus,
Wie der Wind am Rande des
Moores entlangstreicht.

BLUT windet sich durch
Venen und Arterien
Wie Ströme und Flüsse in
sanfter Landschaft.

AUGENLIDER verschließen
das hügelige Land
Und eröffnen die Dunkelheit
der Nacht.

HÖRT, wie ein gelegentliches
Niesen
Gleich einem Wirbelsturm über
die Erde braust
Und Tageslicht wird zur Nacht.

HARTE Knochen und Gelenke,
Knöchel und Ellenbogen sind
nur Felsen und Berge der
Granit-Existenz.

DURCH diesen Segen
Offenbart sich Harmonie.
Wenn alles bloßgelegt,
Wenn das „Ich" vergessen wird.

DIE Feuchtigkeit des
pulsierenden Körpers,
Dort, wo sich Schweiß über
dieses Land ergießt,
Wie der feuchte Nebel der
vollendeten Natur.

VON Zeit zu Zeit
Ziehen Tränen auf und fließen
In dramatischer Geste
Wie große Regentropfen eines
Sommergewitters.

EINZELNE Stellen von
Haarbüscheln
Sind wie Wälder inmitten
von flachem Land:
Das menschliche Leben spricht
nicht nur von sich.

WORTE fließen aus diesem Blut
und erinnern daran,
Dass Zuhause nicht da ist,
wo das Herz sitzt:
Sondern tief inmitten dieser
Landschaft,
Die unermesslich ist.

HÖRT DIESES LIED VON
UNS SELBST.

Ethik

MEDITATION IST TEIL einer leicht verständlichen Lehre, die auch Ethik und Weisheit beinhaltet. Im Zentrum dieser Lehre steht der Grundsatz, uns selbst und andere weder körperlich, verbal noch geistig zu verletzen. Im Buddhismus wird dieser ethische Grundsatz in fünf Gebiete der Betrachtung unterteilt.

Wir meditieren, um

- *nicht zu töten.*
- *nicht zu stehlen.*
- *niemanden sexuell zu verletzen.*
- *nicht zu lügen.*
- *nicht Alkohol oder andere Drogen zu missbrauchen.*

In jedem dieser Bereiche werden wir immer wieder herausgefordert. Vernachlässigen wir auch nur einen Bereich, leiden unsere Glaubwürdigkeit und Integrität darunter. Alle fünf Bereiche sind es wert, darüber zu meditieren. Wir sind jedoch rücksichtslos und leisten Leid Vorschub, wenn wir

- *Mord vergeben.*
- *unsere Wünsche ohne Rücksicht auf Verluste durchsetzen.*
- *andere Menschen sexuell missbrauchen.*
- *sprechen, ohne auf Fakten oder Gefühle zu achten.*
- *unser geistiges Gleichgewicht durch Gifte durcheinander bringen.*

Leid aufhalten
In der Meditation strecken wir eine Hand vor, um uns an die Wichtigkeit, Taten aufzuhalten, die inneres Leid verursachen, zu erinnern.

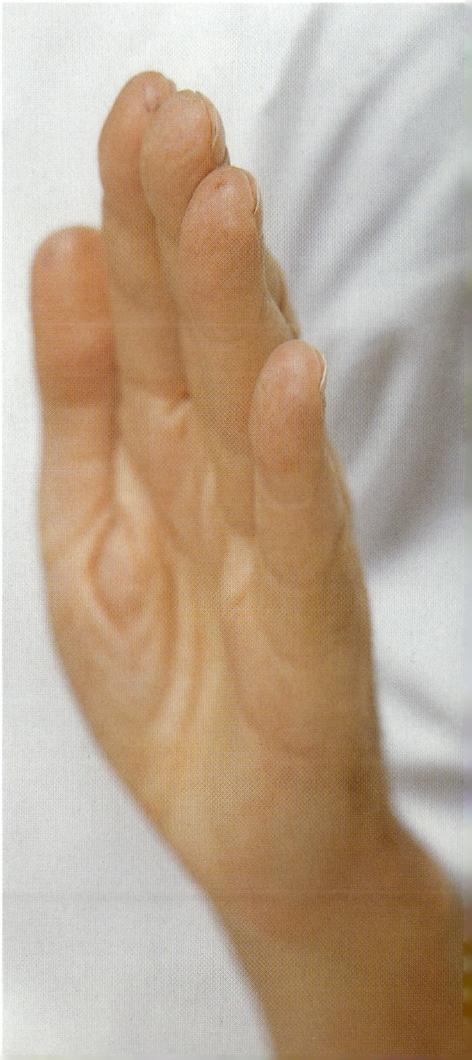

Meditation – ein Überblick

Meditation trägt wesentlich zu einem erweckten Leben bei. Meditation bringt uns mit vielfältigen spirituellen Erfahrungen in Berührung, von denen wir einige verstehen und andere auch nicht. Manche Menschen geben diesen Erfahrungen in einer Art religiösen Sprache Ausdruck, andere wiederum lehnen es ab, sie in Worte zu fassen. Die Tragweite ungewöhnlicher Erfahrungen lässt sich nur schwer einschätzen. Dabei ist es unwesentlich, ob diese tiefgreifend oder nur von kurzer Dauer sind. Das Erlebnis an sich ist jedoch nicht so wichtig wie das, was wir daraus für unser Leben ableiten. Wenngleich auch die Erfahrung schwächer werden mag, bedeutet dies nicht, dass die gewonnene Erkenntnis verblassen muss. Manche Erlebnisse verändern völlig unser Leben oder geben uns eine tiefe Erneuerung und Unterstützung für unser Handeln.

Die Meditationsübungen, auch zum Überwinden von Schwierigkeiten und für inneren Wandel, sind ein Beitrag zur Erleuchtung unseres Lebens. Für unser Leben gibt es vieles in dieser Welt zu entdecken und zu erkennen. Unser Geist und unser Herz sind eine Fundgrube für Klarheit und Verständnis. Meditieren hilft, unser inneres Potenzial zu entdecken und in Harmonie und Glück zu leben. Wie weit unser innerer Wandel gediehen ist, können wir bei der Betrachtung unseres täglichen Lebens als Ganzes erkennen.

Zeichen eines erleuchteten Lebens

Meditation trägt dazu bei, das tägliche Leben aufmerksam und voller Freude wahrzunehmen. Die Wohltaten der Meditation lassen uns wahrhafte Erfüllung als menschliche Wesen erfahren. Durch regelmäßige Meditation dringen wir in unterschiedliche Bereiche der Erkenntnis vor. Dazu gehören:

- *Das Erkennen der „unermesslichen Wahrheit", die Vielfalt und Einheit, Einförmigkeit und Entwicklung, Relatives und Absolutes umspannt.*
- *Ein Herz voller Freundschaft und Liebe zu allen.*
- *Das Verstehen von Leiden.*
- *Die Wertschätzung und das Umsetzen von Lehren, die ethische, meditative und weise Grundsätze vermitteln.*
- *Die tägliche Erfahrung freier Gedanken und eines freigiebigen Geistes.*
- *Glück, Güte, Humor und das Fehlen von Leid.*

Mögen alle Wesen achtsam leben.

Mögen alle Wesen einsichtig leben.

Mögen alle Wesen ein erleuchtetes Leben kennen.

Register

Kursiv gesetzte Seitenzahlen beziehen sich auf Illustrationen.

A

B

C

D

E

F

G

H

I

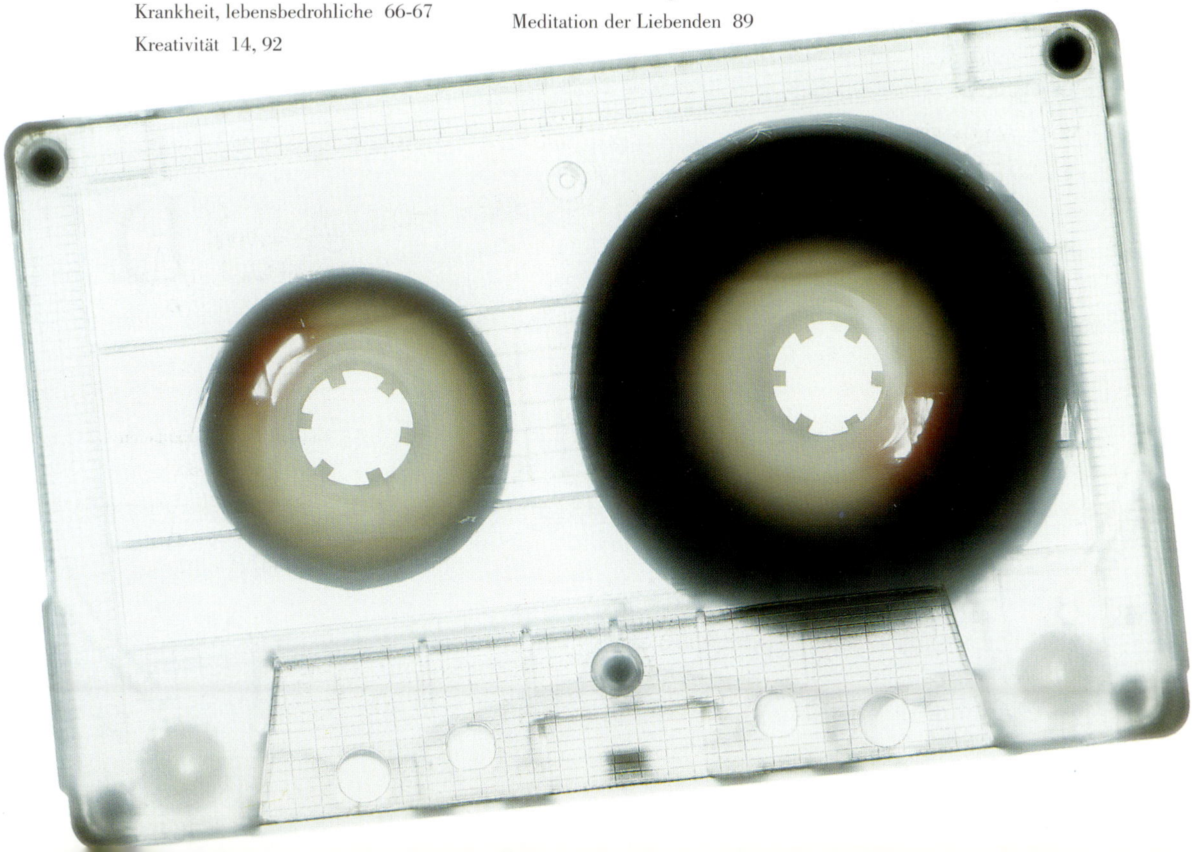

Danksagung

Ich möchte Buddha meine Dankbarkeit zukommen lassen, der selbst die unermessliche Bedeutung der Meditation für das menschliche Leben erfahren hat. Seit dem Zeitpunkt seiner Erleuchtung in Meditation unter dem Bodhi-Baum lehrte er unablässig die Bedeutung der Achtsamkeit, der Meditation und des erweckten Lebens. Auch heute noch sind seine Lehren eine bedeutende Quelle der Inspiration.

Meine Anerkennung gilt auch dem ehrwürdigen Ajahn Dhammadharo (geb. 1914) von Wat Sai Ngam (Kloster wunderschöner Banyan-Bäume), in Supanburi, Thailand, der ein bedeutender Lehrer der Meditation der Einsicht (Vipassana) ist. Mehr als die Hälfte meiner sechs Jahre als buddhistischer Mönch verbrachte ich in seinem Kloster. Unter seiner Anleitung übte ich jeden Tag die Meditation im Sitzen, Gehen, Stehen und Liegen.

Der ehrwürdige Ajahn Buddhadasa (1907-1993) von Wat Suanmoke (Kloster des Gartens der Befreiung) in Chai Ya, Sura Tani, Thailand, vermittelte mir wichtige Lehren und Übungen, die in der buddhistischen Tradition als Dharma bekannt sind. Seine Lehren sind meines Erachtens für das tägliche Leben sehr geeignet.

Mein Dank auch an Sharda Rogell und Gill Farrer-Halls, die „Innere Kraft durch Meditation" ediert haben und deren Vorschläge von unschätzbarem Wert waren. Sharda lehrt mit mir weltweit in Meditationszentren; Gill, die seit Jahren meditiert, versteht die Bedeutung der Meditation für ein weises und mitfühlendes Leben.

Dank an Marnie Haslam, Elizabeth Healey, Rebecca Moy, Michelle Pickering und Hilary Sagar von Quarto Publishing für deren Mitarbeit und Ratschläge beim Verfassen dieses Buches.

Meinen Dank auch an meine Tochter Nshorna für ihre stetige Unterstützung und liebevolle Anwesenheit, an meine Mutter, meinen seligen Vater und an Gwanwyn Williams. Schließlich noch vielen Dank an alle, die mit dem Gaia House, unserem Meditationszentrum im südlichen Devon, England, verbunden sind.

Ich hoffe „Innere Kraft durch Meditation" kann für die Leser einen wundervollen Beitrag zu einem erleuchteten Leben leisten, gleich, ob sie alleine, in Gruppen oder auf beide Arten meditieren. Möge Ihr Leben reich an Freude und Verstehen sein.

Mögen alle Wesen in Frieden leben.
Mögen alle Wesen in Harmonie leben.
Mögen alle Wesen vollständig erleuchtet sein.

Innere Kraft durch Meditation

RUND UM DEN ERDBALL begleitet Musik von alters her die unterschiedlichen Meditationsübungen.

Heben Sie die Stimmung Ihrer täglichen Meditation mit diesen zehn ausgewählten Musikstücken, die zehn Meditationen begleiten, die in „Innere Kraft durch Meditation" angeführt sind.

Wahlweise können diese Musikstücke auch eine ausgedehnte Meditationssitzung zur Bekräftigung des Lebens an sich begleiten.

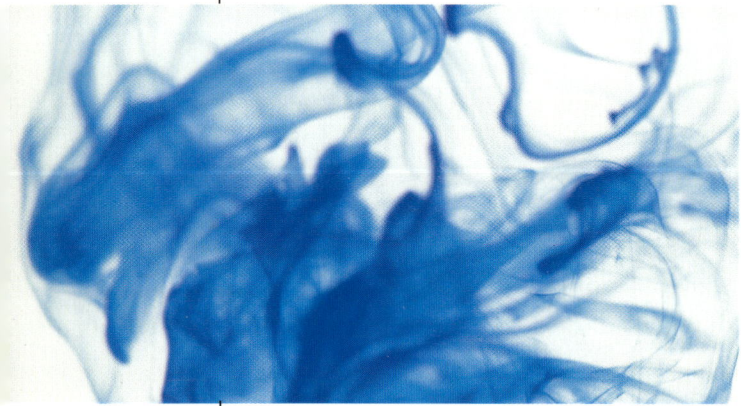

1. **Lux Aeterna** (6.32)
Für die Licht-Meditation

2. **Endless Space** (6.45)
Für die Meditation über Unendlichkeit

3. **Zen Garden** (5.37)
Für die Meditation beim Teetrinken

4. **Lotus** (5.56)
Für die Blumen-Meditation

5. **Shaman's Dance** (5.46)
Für die Tanz-Meditation

6. **Earthsong** (5.04)
Für die Natur-Meditation

7. **Acceptance** (5.03)
Für die Meditation der Hingabe

8. **Joy of Life** (7.20)
Für die Glück-Meditation

9. **Will I Dream?** (5.58)
Für die Meditation völliger Gegenwärtigkeit

10. **Affirmation** (6.05)
Für die Meditation über den Tod